Dessins réalisés par Duc.

Du même auteur chez Marabout :

Réussir les tests d'entreprise
Avez-vous la tête de l'emploi
Développez votre intelligence
Mesurez votre Q.I.

Gilles Azzopardi

RÉUSSISSEZ LES TESTS D'INTELLIGENCE

Tout se tait : mon cœur seul parle dans ce silence.
La voix de l'univers, c'est mon intelligence.

Lamartine
(Méditations Poétiques, XIII, Le Lac)

INTRODUCTION

Le terme de « mental test » a été proposé en 1890 par le psychologue américain McK. Cattell* pour désigner une série d'épreuves psychologiques destinées à apprécier les différences entre étudiants.

En 1905, le psychologue français Alfred Binet publie le premier test pratique d'intelligence.

Et en 1917, les Etats-Unis généralisent l'emploi des tests pour recruter les cadres de leur armée. Cet usage massif contribuera à l'immense popularité des tests dans les pays anglo-saxons où, aujourd'hui encore, ils sont beaucoup plus répandus que sur le continent européen. En Europe, les tests ont toujours été utilisés presque exclusivement à des fins civiles, particulièrement par la France, la Belgique et la Suisse.

Aujourd'hui, les tests sont d'un usage assez courant mais essentiellement limité à l'orientation scolaire et à la sélection professionnelle ou encore à la psychologie médico-sociale.

* A ne pas confondre avec R.B. Cattell dont il sera question chapitre II.

Les tests d'intelligence

Le tableau suivant montre la place des tests d'intelligence dans la palette des tests mentaux.

Les tests d'intelligence font partie des tests d'efficience qui étudient les différentes capacités de connaissance de la personnalité : aptitudes, connaissances (acquisitions culturelles) et intelligence.

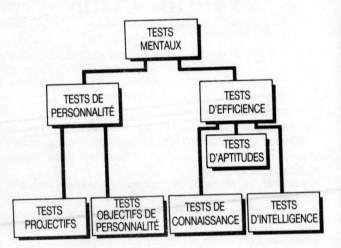

Les tests en question

Les tests d'intelligence ont souvent été critiqués, et le sont encore, particulièrement en Europe de l'Est, pour plusieurs raisons dont voici les deux plus souvent avancées :
— parce que c'est admettre dans le principe des différences individuelles. Les hommes seraient donc inégalement intelligents ;
— parce que l'intelligence mesurée par les tests ne serait que l'intelligence précisément définie par les tests. C'est le célèbre mot attribué à Binet : « l'intelligence c'est ce que mon test mesure ».

Il est vrai que, dans l'état actuel des connaissances, il est encore très difficile de faire la part entre l'hérédité et le milieu, de savoir si les inégalités constatées ont une base biologique ou dépendent des influences culturelles.
   Il est vrai que l'intelligence mesurée par les tests méconnaît certains aspects du fonctionnement intellectuel ; sous-estime, par exemple, l'importance des facteurs psychologique et social.

Mais les tests n'en demeurent pas moins le plus formidable outil de la psychologie moderne et un instrument très objectif d'appréciation personnelle.

Tous les tests qui vous sont présentés dans ce livre ont été conçus sur les modèles du genre pour que vous puissiez vous-même évaluer votre intelligence dans ses formes générales et spécialisées.

LES FORMES
DE L'INTELLIGENCE

Définir l'intelligence

Le Petit Robert donne de l'intelligence de grandes définitions qui, si elles n'épuisent pas le sujet, ont l'avantage de le limiter dans sa diversité. C'est intéressant car cela montre à la fois toute l'étendue de la notion d'intelligence et son évolution.

1° *(1160) Faculté de connaître, de comprendre...*

2° *(sens strict). L'ensemble des fonctions mentales ayant pour objet la connaissance conceptuelle et rationnelle (opposé à sensation et à intuition)...*

3° *(1636) Didact. Aptitude d'un être vivant à s'adapter à des situations nouvelles.*

4° *Cour. Qualité de l'esprit qui comprend et qui s'adapte facilement.*

Ces définitions correspondent à deux grands types d'explications de l'intelligence dont la date d'émergence n'est d'ailleurs pas indifférente.

La première conception (1160), qui rattache l'intelligence à la connaissance, s'inscrit dans un contexte métaphysique.

La seconde (1636), qui fait de l'intelligence un mode d'adaptation, s'inscrit en revanche dans un contexte plus « scientifique ».

Intelligence et connaissance

Dès l'Antiquité, l'intelligence a été imaginée comme une faculté essentielle de l'homme, une capacité à manipuler des objets abstraits. Maniant des abstractions, des idées, des concepts, l'intelligence s'opposait naturellement à la connaissance sensible, à l'expérience concrète. Mais, son fonctionnement étant calqué sur celui de la connaissance sensorielle, elle procédait des mêmes modes, de la même intuition du réel. Elle semblait être une prise directe sur des objets de pensée qui avaient, comme les objets du monde physique, la particularité d'être donnés, de « préexister ».

De Platon à Aristote, toutes les grandes théories de l'époque insistent sur l'aspect « idéal » de l'intelligence en négligeant le fait qu'elle se traduit pourtant dans des réalisations techniques.

Intelligence et divin

Avec la fin du monde romain, la domination du christianisme, la notion évolue. L'intelligence n'est plus tout à fait un principe rationnel, un attribut naturel. Sous l'influence des théologies de l'époque, elle est de plus en plus considérée — c'est particulièrement évident au Moyen Age — comme une participation du divin dans l'homme.

L'intelligence n'est plus une faculté mais elle a une origine divine. Et cela fait toute la différence qui permet de distinguer l'homme de l'animal, de l'émanciper de la

Nature et de le rapprocher de Dieu auquel il devient redevable de ses « pouvoirs créateurs ».

La notion d'intelligence est alors très ambiguë. Elle appartient encore au domaine de la connaissance mais elle bascule déjà dans celui de l'action. Plus ou moins ignorées dans l'Antiquité, les œuvres de l'intelligence sont reconnues par l'Eglise même si celle-ci ne veut y voir que des manifestations divines.

Intelligence et techniques

L'essor des techniques, les débuts de la science ont toujours entretenu deux idées qui ont dû attendre longtemps pour devenir dominantes.

La première, c'est que l'intelligence n'est pas seulement une capacité à saisir des objets déjà là : elle crée ses propres objets. Ce n'est qu'avec, et après Kant, que l'on admettra que la connaissance n'est pas de ces fruits que l'on cueille mais quelque chose à construire.

La seconde, c'est qu'il y a une intelligence pratique et cela dès l'animal. Mais il faut attendre le plein développement du machinisme industriel, une large diffusion de la théorie de l'évolution pour que l'utilisation d'instruments, la fabrication d'outils deviennent des critères de l'intelligence.

Intelligence et action

Au XIXe siècle, les performances de la révolution industrielle, les succès des lois de la sélection naturelle conjuguent leurs effets pour imposer aux esprits l'idée que la connaissance doit céder le pas à l'action, que le temps pour comprendre doit être définitivement assujetti au temps pour agir.

Et, quand Bergson propose en 1807 de remplacer le terme d'« homo sapiens » qui caractérise l'espèce humaine par celui d'« homo faber », c'en est déjà fini d'une certaine idée de l'intelligence. Depuis quelques temps, la question de l'intelligence n'est plus vraiment posée par des philosophes ou des théologiens. Sortant du champ spéculatif, l'intelligence est de plus en plus considérée comme un objet d'observation et d'expérimentation. Elle appartient désormais au domaine de la psychologie.

Intelligence et adaptation

Au tout début du XXᵉ siècle, la redéfinition de l'intelligence s'inscrit en continuité des théories de l'évolution.

Si les espèces sont issues les unes des autres selon les lois de la sélection naturelle, l'intelligence qui semble le propre de l'homme, l'espèce dominante, doit nécessairement correspondre à une forme supérieure d'adaptation.

Elle devient donc, au même titre que la nutrition ou la reproduction, une fonction vitale. Pour Binet, « elle n'existe que parce qu'elle sert à quelque chose... à nous adapter mieux au milieu physique de la nature et... moral de nos semblables. »

Intelligence et instinct

Expliquer l'intelligence en la rapportant à la connaissance ou en la rattachant à l'adaptation revient d'une certaine manière au même. Faire de l'intelligence une fonction vitale après en avoir fait une faculté naturelle, c'est encore ne pas prendre totalement en compte les œuvres d'intelligence.

L'intelligence ne se résume pas à une simple adaptation à une réalité préexistante, pas plus qu'elle ne pouvait se réduire à la connaissance d'objets donnés.

Capable de créer ses propres objets, l'intelligence humaine se distingue précisément parce qu'elle invente d'autres réalités que celles données par la nature.

Toutes les réalisations de l'homme, techniques, esthétiques ou culturelles, sont là pour témoigner que l'intelligence, c'est autre chose qu'une forme complexe de l'instinct : une réelle capacité d'innovation.

Intelligence et performances

L'intelligence ne peut donc se réduire à l'adaptation à moins de la limiter au plan technique. Auquel cas on la caractérise — de Piaget à Oléron, la formule a du succès — comme l'adaptation de moyens à la réalisation d'un but.

Cette définition a l'avantage de n'être pas fausse, même si elle est partielle, et d'être applicable, « réaliste ».

Elle permet aussi, et ce n'est pas rien, d'observer l'intelligence, de la juger, voire de la mesurer, en fonction de ses résultats, de ses performances.

Intelligence et instruments

L'utilisation d'instruments n'est pas particulière à l'homme. Le comportement animal manifeste de nombreux cas de constructions, d'artefacts, plus ou moins complexes. Par exemple dans le domaine de l'habitat (nids, terriers, etc.) et de la chasse (pièges...). Certaines espèces, les fourmis, les castors, les abeilles, sont même réputées pour leur caractère industrieux. Mais la plupart de ces activités relève généralement de l'instinct ; les comportements sont répétitifs. L'activité humaine est en revanche plus innovatrice. L'intelligence se caractérise moins par le fait de fabriquer des outils que parce qu'elle imagine sans cesse de « nouveaux » instruments et qu'elle les imagine sans cesse de plus en plus complexes.

Intelligence et innovation

Aujourd'hui, en cette fin de XXᵉ siècle, l'intelligence semble de plus en plus se définir comme une capacité d'innovation.

Les « outils » actuels, les systèmes mathématique, logique, linguistique, sont sans commune mesure avec les premiers outils préhistoriques... Les machines modernes — ordinateurs, robots, etc. — sont de plus en plus performantes.

Avec les progrès de l'informatique, de l'intelligence artificielle, l'intelligence est d'ailleurs moins considérée du point de vue de ses caractéristiques psychologiques que de ses structures formelles, opérationnelles.

Le fonctionnement intellectuel

Ce qu'on sait du fonctionnement intellectuel se résume somme toute à peu de choses.

Les chercheurs, biologistes, neurologues, psychologues, etc. continuent à faire toujours plus d'hypothèses, à propos de l'intelligence, qu'ils n'ont de certitudes.

Il reste cependant vrai que le cerveau est l'organe de l'intelligence.

Intelligence et cerveau

Le fonctionnement intellectuel dépend étroitement du fonctionnement cérébral. On a pu, par exemple, constater dans le cas des enfants nés sans cerveau l'absence de toute activité intellectuelle. Nous avons tous observé, par ailleurs, la disparition de ces activités à l'occasion des périodes de sommeil.

Mais toutes les recherches n'ont pourtant pas permis jusqu'à présent de localiser l'intelligence dans le cerveau. Certaines fonctions qui conditionnent le fonctionnement intellectuel ont cependant été rapportées à des zones cervicales précises. La motricité, la perception visuelle et auditive, le langage semblent directement liés à certaines parties du cerveau. Si l'une de ces parties est endommagée physiquement ou chimiquement, la fonction correspondante est perturbée.

La plupart des spécialistes considèrent actuellement que l'ensemble du cerveau participe à l'intelligence même si, paradoxalement, tout le cerveau n'est pas nécessaire au fonctionnement intellectuel. On a observé des cas où ce dernier n'était pas, ou presque pas, perturbé malgré l'ablation d'importantes masses cervicales.

Intelligence et ordinateur

Les caractéristiques de base du fonctionnement intellectuel sont souvent comparées à celles d'un ordinateur performant.

L'intelligence humaine et la machine informatique opèrent semblablement à partir de symboles simples ou élaborés (images, concepts, modèles).

Elles procèdent également à des enchaînements selon des règles logiques, plus spécifiquement arithmétiques s'il s'agit de calcul, sémantiques pour le langage.

Elles sont toutes les deux capables de réaliser des tâches complexes en effectuant des séquences d'opérations élémentaires avec une très grande rapidité.

Polyvalentes enfin, elles peuvent accomplir des tâches variées, mobiliser et adapter des moyens à des objectifs différents.

L'ordinateur est loin pourtant d'épuiser toutes les ressources de l'intelligence humaine. Il reste pour l'instant incapable d'apprendre à apprendre et manifeste toute sa « bêtise » dès qu'il est question de « sens ». C'est particulièrement évident dans le traitement des problèmes de compréhension du langage (traductions) et de stratégie complexe (jeu d'échecs).

Mais les similitudes entre l'intelligence humaine et l'intelligence artificielle sont telles que beaucoup se demandent maintenant si, dans un avenir encore très lointain, la seconde n'égalera pas la première.

Cette idée est en tout cas suffisamment répandue pour qu'aujourd'hui le fonctionnement intellectuel soit assimilé à un mode de traitement de l'information. C'est l'une des deux grandes théories actuelles.

L'autre, un peu plus ancienne — elle avait été proposée par les Gestaltistes —, considère l'intelligence, et la définit même parfois ainsi, comme une résolution de problème.

Intelligence et résolution de problèmes

Les Gestaltistes sont issus d'un courant psycho-philosophique qui fait prévaloir le un sur le multiple, le tout sur les parties, l'ensemble sur les éléments. C'est une démarche qui privilégie les approches globales, les perceptions immédiates, les solutions intuitives.

De ce point de vue, toutes les situations où quelqu'un a quelque chose à comprendre, à faire ou à communiquer, peuvent se résumer en une série de problèmes, plus ou moins complexes, à résoudre.

Il n'y a d'ailleurs pas de différence fondamentale entre un problème et sa solution ; c'est la même situation vue d'une manière différente. L'intelligence consistant finalement à passer de la perception-problème à la perception-solution.

Ce type de conception a l'avantage de bien poser les problèmes, d'en bien limiter les difficultés, de faire prendre conscience de leurs réelles difficultés. En revanche, il ne donne pas beaucoup d'indication de méthode pour résoudre les problèmes.

Intelligence et traitement de l'information

La conception informationnelle essaie moins de décrire l'intelligence en fonction de comportements observables que d'en rechercher les mécanismes internes pour en proposer des modèles.

Toutes les activités intellectuelles les plus essentielles, perception, mémoire, langage, comme les plus élaborées, compréhension, raisonnement, sont considérées comme des manipulations de données. De la saisie à l'exploitation en passant par le tri, le stockage ou la transmission, c'est toujours des informations à traiter. Tous les fonctionnements intellectuels sont ainsi modélisables et susceptibles d'être simulés par des programmes informatiques pour être testés.

L'avantage de ce type de conception, c'est qu'il permet une bonne description des problèmes et des procédures à engager pour parvenir à une solution.

Mais, il est en revanche de moindre utilité dans les situations où c'est justement le manque d'information qui fait problème. Or, le propre de l'intelligence, c'est aussi de pouvoir prendre en compte des incertitudes, de faire des évaluations, des prévisions, sur la base d'hypothèses, de probabilités, etc.

Deux formes d'intelligence

Il est habituel de distinguer deux grandes formes d'intelligence. Elles ont été décrites, et parfois opposées, suivant les auteurs dans des termes assez voisins. L'intelligence serait concrète et/ou abstraite, pratique et/ou théorique, empirique et/ou logique, technique et/ou formelle, sensori-motrice et/ou rationnelle.

L'intérêt de ce clivage, c'est qu'il met en évidence deux notions essentielles pour comprendre l'intelligence, celle de détour et de modèle.

Intelligence et détour

Nous avons tous fait l'expérience que, pour aller d'un point à un autre, le chemin le plus rapide est parfois le plus long. La notion de détour repose sur ce principe. Que ce soit pour éviter un obstacle, prendre le temps de fabriquer un instrument ou attendre un moment plus favorable, il faut souvent se détourner de son objectif pour se donner les moyens de l'atteindre.

L'intelligence suppose toujours une capacité d'inhibition. Mais celle-ci n'est pas immédiate. Le jeune enfant se montre incapable de maîtriser son impulsivité, de se détourner de son but. Le blocage de l'impulsion est d'abord lié au développement individuel puis à l'éducation.

Intelligence et modèle

En plus d'une capacité d'inhibition, l'intelligence suppose une capacité de représentation.

A la différence de l'animal, l'homme est capable de prendre une distance par rapport à la réalité. Il construit des modèles qui lui permettent de comprendre et d'agir plus efficacement sur le réel.

Ces modèles sont concrets (schémas, cartes, etc.) ou abstraits (systèmes, théories, etc.).

Si l'on prend par exemple la résolution des problèmes, c'est la notion de structure qui tient lieu de modèle. Dans le cas du traitement de l'information, c'est en revanche celle de programme. L'une est plus statique, la seconde plus dynamique mais il s'agit de toute façon de définir des règles d'organisation et/ou de procédures suffisamment générales pour s'appliquer à des problèmes différents. C'est ainsi que le savoir-faire acquis en résolvant un problème peut servir à la résolution d'autres problèmes.

Mais un modèle n'est pas seulement indispensable au transfert des connaissances et des compétences. C'est aussi une simulation du réel grâce à laquelle on peut « essayer » des solutions dans des conditions de sécurité puisque l'erreur n'est pas sanctionnée.

LES FACTEURS
DE L'INTELLIGENCE

Il s'agit ici de poser deux questions et d'envisager les diverses réponses qui ont pu leur être données.

La première question concerne la nature même de l'intelligence. De quoi est-elle faite ? Est-ce une faculté unique qui a des applications différentes ou des facultés particulières qui composent un ensemble singulier ?

La seconde question se rapporte à l'évaluation de l'intelligence. Le fonctionnement intellectuel est-il tout ou partie mesurable ?

Les différentes réponses apportées à ces questions contribueront à éclairer certains aspects de l'intelligence.

L'analyse factorielle

A la fin du siècle dernier, l'intelligence est devenue un objet d'observation et d'expérimentation. Mais il s'est très vite avéré qu'il y avait trop de variables pour qu'une expérimentation du fonctionnement intellectuel soit réellement concluante. Un psychologue anglais, Charles Spearman, a inventé en 1904 l'analyse factorielle pour réduire ce trop grand nombre de variables en le ramenant à quelques facteurs. Disons pour simplifier que l'analyse factorielle est une méthode mathématique qui définit des corrélations entre les différentes épreuves auxquelles peut être soumise l'intelligence.

A l'usage, l'analyse factorielle révèle trois types de facteurs :

— un facteur général (g) que l'on retrouve dans toutes les épreuves ;

— des facteurs de groupe, chacun étant particulier à un certain nombre d'épreuves ;

— des facteurs spécifiques, chacun étant particulier à une épreuve.

On ne tient compte en fait que des deux premiers types de facteurs. Le dernier est trop spécifique pour être pertinent.

Il y a actuellement deux conceptions de l'analyse factorielle. L'une est le fait de l'école anglaise à laquelle appartiennent par exemple Spearman et Vernon. L'autre est celle de l'école américaine (Thurstone, Guilford).

Les auteurs anglais ont une conception hiérarchique qui privilégie une intelligence de type général (facteur g). Pour eux, chaque épreuve intellectuelle, par exemple un test, résulte toujours d'une combinaison de deux facteurs (méthode bifactorielle) : un facteur d'ordre général et un facteur de groupe.

Les Américains défendent en revanche une conception multifactorielle où le facteur général est considéré ni plus ni moins (et souvent moins que plus) qu'un facteur de groupe.

Le facteur g de Spearman

Le facteur g a été souvent assimilé à l'intelligence. Spearman l'a d'abord défini comme une sorte d'énergie mentale produite par le cerveau, puis comme une abstraction au second degré, une espèce de conscience de la conscience.

Aujourd'hui, le facteur g est plutôt considéré comme une constante de l'intelligence plus qu'il ne lui est complètement assimilé. Mais son importance est très inégalement reconnue. Pour certains spécialistes de l'analyse factorielle, il est capital ; pour d'autres, il n'existe pas.

En pratique, tout le monde admet cependant qu'il y a une forme d'intelligence générale qui peut s'observer et se mesurer selon deux méthodes.

La première méthode consiste à utiliser des tests à la fois très nombreux et très variés. C'est cette méthode* qui est souvent employée dans la mesure du quotient intellectuel (Q.I.) et que nous suivons dans notre chapitre sur le Q.I.

L'autre n'utilise qu'un test unique de type non verbal. Il s'agit le plus souvent du test** des « Progressive Matrices 1938 » de Raven et Penrose qui consiste en des séries de dessins à compléter. Le test des Dominos de Anstey, qui présente des séries de dominos à compléter, est également très employé.

Les 5 « facteurs de l'intelligence générale » de Meili

Dès le début du siècle, le facteur g de Spearman est diversement interprété. Il éclate souvent en différents facteurs.

Alfred Binet, qui dirigeait depuis 1897 le premier laboratoire français de Psychologie expérimentale, avait déjà défini l'intelligence par ses 4 fonctions : compréhension,

---

* Elle a aussi été utilisée par l'armée des Etats-Unis pendant la seconde guerre mondiale.

** L'armée britannique l'a employé comme test d'intelligence pendant la dernière guerre.

invention, raisonnement et critique.

Pendant ce temps, Richard Meili, un psychologue suisse, définissait de son côté 5 « facteurs de l'intelligence générale ».

— Le facteur *complexité* qui serait le résultat d'une « tension intellectuelle » et se traduirait par un certain nombre de combinaisons possibles.

— Le facteur *plasticité* correspondant à une capacité de remise en question des modèles établis et d'apprentissage de nouveaux modèles.

— Le facteur *globalisation* (perception et organisation des ensembles donnés).

— Le facteur *fluidité* auquel peuvent être rapportées l'intuition, la créativité, l'innovation intellectuelle.

— Le facteur *formel* correspondant aux diverses formes de l'intelligence, concrète et abstraite, verbale, numérique, visuelle, etc.

Les 7 « *facteurs intellectuels fondamentaux* » de Thurstone

En refaisant l'analyse de tous les tests d'intelligence employés avant-guerre, Thurstone ne trouve plus trace du facteur général de Spearman mais conclut en revanche à l'existence de 7 principaux facteurs.

— Un facteur *spatial* (perception et comparaison des configurations spatiales planes et tri-dimensionnelles).

— Un facteur *perception* (identification d'une configuration donnée dans une configuration complexe).

— Un facteur *mémoire* (mémorisation et reminiscence d'ensembles sans relations logiques).

— Un facteur *numérique* (manipulation des chiffres).

— Un facteur *verbal* (compréhension du langage).
— Un facteur *lexical* (mobilisation du vocabulaire).
— Un facteur *raisonnement* (induction et déduction).

Ces facteurs, dont certains comme le facteur verbal et spatial avaient déjà été isolés par Spearman comme facteurs de groupe, sont aujourd'hui reconnus par la plupart des spécialistes. L'accord est quasi unanime. Ce sont eux que nous avons retenus dans les chapitres suivants pour tester vos différentes facultés.

Le parallélépipède de Guilford

Aux Etats-Unis, dans les années 70, Guilford présentait les résultats de vingt ans d'expérimentation menées systématiquement dans tous les domaines de l'intelligence. Au terme de ces travaux, il conclut à la probable existence de 120 facteurs en estimant que près d'une centaine ont déjà été isolés et leur donne une organisation spatiale.

En structurant l'intelligence comme un espace en trois dimensions, Guilford propose une classification des différents facteurs en les rapportant systématiquement à trois plans.

— Le plan des *opérations* (les fonctions intellectuelles de base) qui comprend cinq types d'activités : jugement, production divergente (créativité), production convergente (traitement des données), mémoire et cognition (connaissance).

— Le plan des *produits* (les formes dans lesquelles l'information s'organise) qui comprend six modes d'organisation en : unités, classes, relations, systèmes, transformations et implications.

— Le plan des *contenus* (les types de données) qui comporte quatre catégories d'informations : figural, symbolique, sémantique et comportemental.

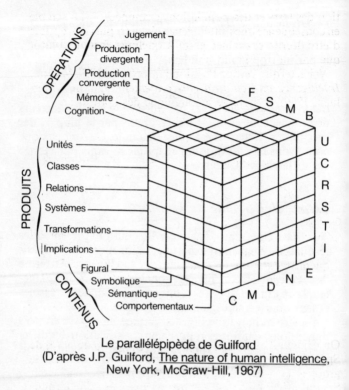

Le parallélépipède de Guilford
(D'après J.P. Guilford, <u>The nature of human intelligence</u>,
New York, McGraw-Hill, 1967)

Chaque faculté de l'intelligence peut ainsi se décrire comme une opération effectuée sur un produit d'un contenu particulier.

Le système hiérarchique de Vernon

Représentant l'école anglaise, Vernon propose une classification plus simple et plus hiérarchisée que celle de Guilford. Partant du principe que l'on ne saurait limiter les aptitudes particulières, il reconnaît que l'on découvre de plus en plus de facteurs au fur et à mesure de la multiplication des tests et des populations examinées. Il lui semble en conséquence que l'intelligence réelle est plus susceptible d'être décrite et évaluée grâce à quelques facteurs plutôt que par un trop grand nombre.

Voici, tel que Vernon l'a lui-même présenté (P.E. Vernon, *Intelligence and cultural environnement,* Londres, Metluen, 1969), le système hiérarchique des aptitudes :

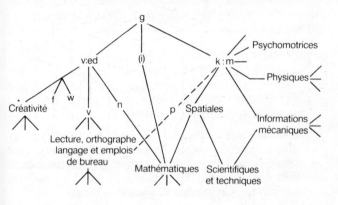

On reconnaît au niveau supérieur le facteur général (g) de Spearman. Puis, au second niveau, deux facteurs de groupe : (v : ed) pour Verbal-éducatif et (K : m) pour Spatial-mécanique ; au-dessous encore, des facteurs plus précis dont certains avaient été isolés par Thurstone : W pour le facteur lexical, V pour le facteur verbal, N pour le facteur numérique, P pour le facteur perceptif et F pour fluidité. Au dernier niveau enfin, les aptitudes spécialisées.

La conception de Cattell

La position de Cattell se démarque de celles de ses contemporains dans la mesure où il fait très nettement la différence entre compétences et performances.

L'idée avait été une première fois formulée par Hebb qui distinguait entre deux formes d'intelligence :

— Une forme A correspondant à une intelligence potentielle de caractère inné, probablement liée à l'hérédité.

— Une forme B correspondant à un niveau effectif de performances, à un rendement intellectuel.

Cattell reprend d'une certaine manière cette distinction en dissociant le facteur g de Spearman en deux facteurs généraux : gf ou intelligence fluide et gc ou intelligence cristallisée.

— L'intelligence *fluide* est indépendante des influences du milieu. Elle est plus facilement mesurable par des tests dits de « culture free ». Ceux-ci s'apparentent aux « Progressive Matrices 1938 » de Penrose et Raven ou aux tests de Dominos d'Anstey.

— L'intelligence *cristallisée* dépend en revanche des influences culturelles ; elle est liée à l'éducation et à l'expérience. Les tests qui la mesurent sont plus spécialisés (verbal, numérique, mémoire...) et plus adaptés pour évaluer et prédire la réussite scolaire.

CALCULEZ VOTRE Q.I.

Il y a, on l'a vu, plusieurs façons de mesurer l'intelligence. La notion de Q.I. est elle-même diversement interprétée par les auteurs. Dans sa forme originale, tombée en désuétude, le quotient intellectuel représentait un rapport entre un âge mental et un âge chronologique. Il ne pouvait s'appliquer valablement aux adultes.

Aujourd'hui, on désigne souvent sous le nom de quotient intellectuel, des systèmes de cotation de l'intelligence. Généralement, les scores réalisés sont rapportés à des notes « standard » et transformés en Q.I. à l'aide de tables différentes selon l'âge du sujet testé.

La méthode que je vous propose de suivre pour calculer votre Q.I. leur est apparentée. Elle vous permet d'évaluer globalement votre niveau intellectuel. Mais cette évaluation bien que fidèle est nécessairement approximative. Une évaluation plus précise suppose l'administration de tests plus complets qui comprennent des épreuves de « performances ». Celles-ci, pour d'évidentes raisons, ne peuvent pas être incluses dans un livre.

Le Q.I. que vous obtiendrez aura donc une valeur plus indicative qu'absolue. La table employée pour transformer vos notes en Q.I. est unique pour toutes les classes d'âge. Il vous appartiendra en conséquence d'apprécier vos résultats. Un Q.I. de 125 n'a naturellement pas la même valeur, ni la même signification à 18 ou à 40 ans.

Instructions

Le test qui vous est présenté se compose de quatre épreuves semblables dans leurs principes. Il est précédé d'exemples pour vous familiariser avec les problèmes. Chaque épreuve comporte vingt questions auxquelles vous devrez répondre en respectant soigneusement les instructions suivantes :

• Chaque épreuve a une durée limitée de 15 minutes très précisément.

• Ces 15 minutes écoulées, il ne vous est plus possible de retoucher ou de corriger les réponses données même si vous vous apercevez que vous avez commis une erreur.

• Vous ne devez ni faire usage d'un instrument quelconque, ni demander de l'aide à quiconque (le papier et le crayon dont vous vous serez muni ne doivent vous servir qu'à noter les réponses).

• Vous pouvez, si vous le souhaitez, vous reposer quelques minutes (2 ou 3) entre chaque épreuve.

Quelques conseils

- Vous avez besoin d'un peu plus d'une heure pour passer un test. Beaucoup plus même si vous voulez le faire dans de bonnes conditions. Attendez donc d'avoir l'esprit clair, la tête reposée, de pouvoir prendre un moment de liberté. Choisissez un endroit tranquille, où vous ne serez pas dérangé. Munissez-vous de crayon et papier et installez-vous confortablement.

- Vous avez 15 minutes pour répondre à vingt questions, soit moins d'une minute en moyenne par question. Vous n'avez donc pas de temps à perdre.

- Ne bloquez jamais sur une question. Passez à la suivante si vous « séchez ». Evitez toutefois de vous disperser ; répondez aux questions dans l'ordre. Ne renoncez pas trop vite à une question en espérant que la ou les suivantes seront plus « faciles ».

- Efforcez-vous de répondre à un maximum de questions le plus rapidement possible. Il est vraiment très difficile, pour ne pas dire impossible, de répondre exactement à toutes les questions dans les temps impartis. Ne vous inquiétez pas si, à la fin de chaque temps écoulé, vous n'avez pas fourni toutes les réponses.

- Branchez un réveil, ou un minuteur, avant chaque épreuve pour ne pas avoir à vous soucier de l'heure.

- Ne profitez pas d'une éventuelle pause entre deux épreuves pour relire vos réponses. Vous douteriez de leur exactitude et ces doutes seraient préjudiciables à la suite du test.

- Ne répondez pas au hasard. Vous ne calculez pas votre quotient de chance.

- Cela va sans dire, mais c'est encore mieux en le disant : ne trichez pas. Ne sautez pas les pages, ne brûlez pas les étapes : attendez d'avoir répondu aux quatre-vingts questions avant d'aller regarder les solutions.

Exemples : problèmes

Les exemples sont conçus pour vous familiariser avec les divers problèmes posés par le test suivant.

Prenez le temps de les étudier. Réfléchissez sur chaque exercice, trouvez vos solutions, comparez-les avec celles que nous vous donnons. Assurez-vous d'avoir bien compris les questions, la logique des réponses, les raisons de vos erreurs. Vos prochaines performances en dépendent.

1. Trouvez le chiffre manquant :

1   4   9   16   27   .

2. Trouvez la lettre manquante :

A   D   I   P   .

3. Trouvez un mot qui complète la lettre à gauche de la parenthèse et forme un autre mot avec les lettres de droite (synonyme : habileté) :

P(. . .)ERE

4. Quel nom faut-il écarter ?

Lion   Tigre   Chat   Hyène   Panthère

5. Quel nom (en désordre) n'est pas celui d'un arbre ?

NECHE
LITUPE
ROME
PAINS

6. Quelle figure parmi les cinq proposées complète la série ?

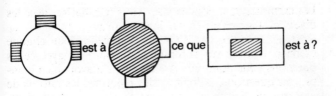

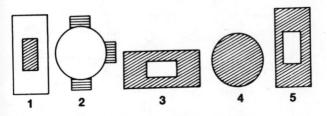

7. Quelle figure parmi les six proposées complète la série ?

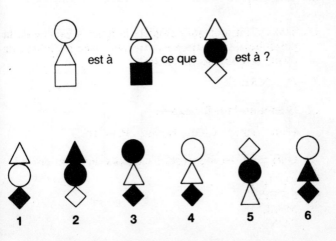

8. Quel est le numéro de la figure qui complète la série ?

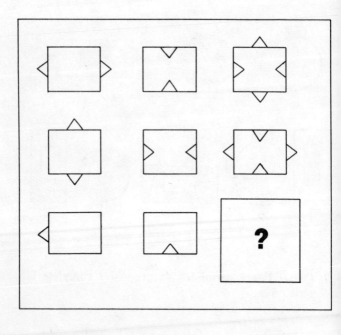

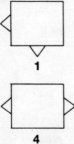

9. Quel est le numéro de la figure qui complète la série ?

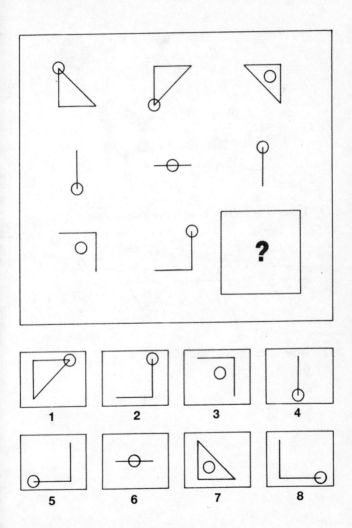

10. Quelle figure faut-il écarter ?

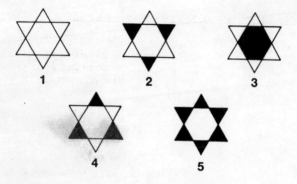

11. Trouvez le chiffre et la lettre manquants :

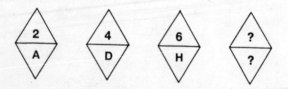

12. Trouvez le chiffre manquant :

4	16	11
2	8	3
5	20	—

Exemples : solutions

QUESTION N°	RÉPONSES	EXPLICATIONS
1	40	1 4 9 16 27 . : c'est une progression où chaque terme se déduit du précédent en ajoutant la suite des nombres premiers à partir de 3 : 1 (+3=) 4 (+5=) 9 (+7=) 16 (+11=) 27 (+13=) 40.
2	Y	A D I P . : c'est une suite alphabétique où chaque lettre est séparée de la précédente par 2, 4, 6, 8 autres lettres. A (bc) D (efgh) I (jklmno) P (qrstuvwx) Y.
3	ART	
4	HYENE	Tous les autres sont des félins.
5	LITUPE	Dans l'ordre : CHENE, TULIPE, ORME, SAPIN.
6	5	Le rectangle, comme le cercle, bascule d'un quart de tour et les couleurs des surfaces (blanc et gris) sont en inversion.
7	3	Les deux éléments supérieurs s'inversent. L'élément inférieur reste à la même place mais change de couleur.
8	6	Sur chaque ligne, la figure de droite additionne les triangles des figures précédentes en inversant intérieur/extérieur.

9	8	Sur les trois lignes, la figure pivote chaque fois d'un quart de tour et le cercle occupe systématiquement une position différente : en haut, en bas ou au centre.
10	1	Les figures 2 et 4, ainsi que la 3 et la 5, forment des paires en inversion de couleur.

11

La progression des chiffres est de l'ordre de 2 : 2 (+2=) 4 (+2=) 6 (+2=) 8.

Chaque lettre suit, en revanche, la précédente selon une progression croissante : D est la 3e lettre après A, H la 4e après D, M la 5e après H.

12   15   Sur chaque ligne, le dernier chiffre à droite s'obtient en multipliant le premier par 4 et en soustrayant 5 :
4 (×4=) 16 (−5=) 11
2 (×4=) 8 (−5=) 3
5 (×4=) 20 (−5=) 15

STOP : ICI COMMENCE REELLEMENT LE TEST. AVEZ-VOUS BIEN LU LES INSTRUCTIONS PRECEDENTES ?

Si vous êtes OK, vous pouvez commencer. Sinon, revenez en début de chapitre.

Munissez-vous d'un crayon et d'un papier pour lister vos réponses. Vous gagnerez du temps ensuite pour les vérifier. A propos de temps, respectez strictement ceux qui sont impartis pour chaque épreuve.

Epreuve I

> **ATTENTION :** VOUS AVEZ 15 MIN
> ET PAS UNE DE PLUS.

1. Trouvez le chiffre manquant :

1   4   7   10   .13

2. Trouvez les chiffres qui manquent :

7   9   8   10   9   .   .

3. Soulignez le nom en désordre qui n'est pas celui d'un célèbre écrivain :

GHOU
ALFUTREB
CASSIOP
ZABLAC

4. Quel mot entre parenthèses forme à la fois la fin d'un premier mot et le début d'un second (synonyme : rebondie) ?

F(. . . . .)UR

5. Quelle figure faut-il écarter ?

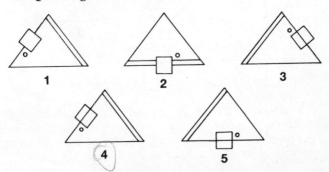

6. Quelle figure parmi les six qui vous sont proposées complète la série ?

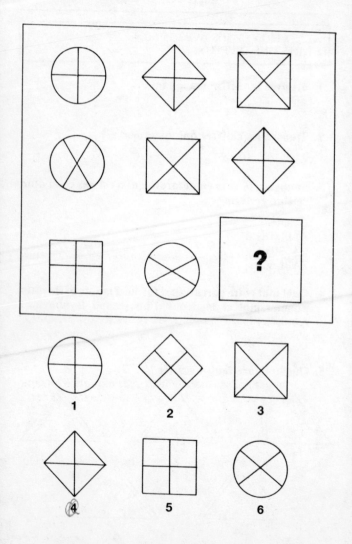

7. Trouvez le numéro manquant :

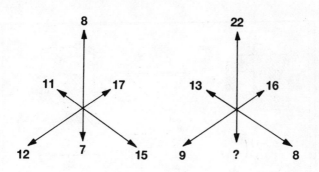

8. Trouvez la lettre manquante :

F I M P . T

9. Trouvez un autre mot pour remplacer « tissu » entre parenthèses :

E + (tissu) = astre

10. Quel mot entre parenthèses complète un premier et forme le début d'un second (synonyme : attrapé) ?

E(. . . .)ON

11. Soulignez dans la deuxième ligne le mot qui a quelque chose en commun avec ceux de la première ligne :

COL NEZ POT
Ame Bras Eau Œil Sexe Violon

12. Quel nom parmi les quatre suivants n'est pas celui d'une ville européenne ?

NERBIL
CACHOGI
DRENLOS
SIVENE

13. Quelle figure parmi les six propositions complète la série ?

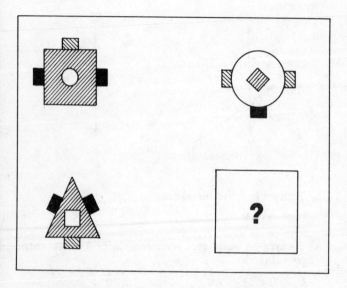

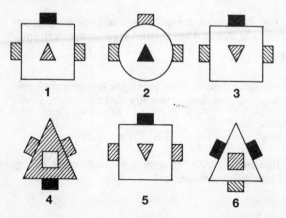

14. Inscrivez sur la troisième ligne un mot ayant le même sens que les deux premiers.

Apparence
Mélodie
(...) *Appartement*

15. Trouvez le chiffre manquant :

4	3	2	5
9	5	3	11
11	7	5	*17*

16. Trouvez le chiffre manquant :

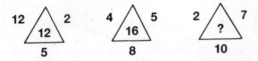

17. Quel mot entre parenthèses forme deux autres mots avec les lettres hors parenthèses (synonyme : lisière) ?

A(....)ER

18. Complétez la série :

A C A E A G A K A M A *Y*

19. Trouvez le mot qui complète la deuxième ligne entre parenthèses ?

Féroce (Coca) Impact
Citron (....) Carême

20. Quelle figure parmi les six proposées s'inscrit dans le carré ?

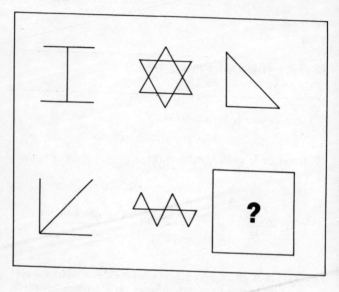

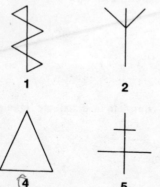

Epreuve II

ATTENTION : VOUS AVEZ 15 MIN
ET 15 MIN SEULEMENT.

1. Soulignez le mot à écarter :

Lac   Océan   Fleuve   Etang   Rivière

2. Quel animal faut-il écarter ?

Dauphin   Requin   Thon   Daurade   Loup

3. Complétez la deuxième ligne entre parenthèses :

Magazine (Revue) Inspection
Epreuve (. . . .) Essai

4. Trouvez le nombre manquant :

1   6   5
7   8   1
4   7   .

5. Complétez les deux séries de chiffres :

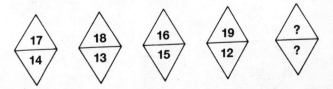

6. Trouvez un mot qui en forme deux autres avec les lettres hors parenthèses (synonyme : court) :

B(. . .)SIS

7. Quelle figure parmi les six proposées complète la série ?

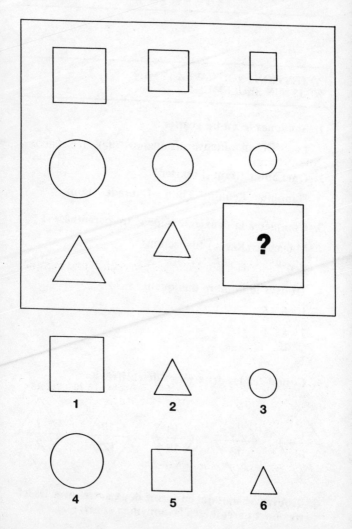

8. Trouvez le numéro qui manque :

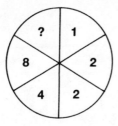

9. Trouvez un mot qui forme un autre mot avec chacune des lettres :

C
TR
F   ⟶ (....)
LI
M

10. Quel nom (en désordre) n'est pas celui d'une marque d'automobile :

NATUREL
CROTIEN
ATRAI
POUGETE
DECREMES

11. Complétez le nom entre parenthèses de la seconde ligne en utilisant les lettres extérieures :

ET(JUPITER)PU
CN(F..A..E)NI

12. Trouvez la lettre manquante :

H	M	C
J	N	F
L	O	—

13. Inscrivez dans le carré le numéro de la figure qui complète la série :

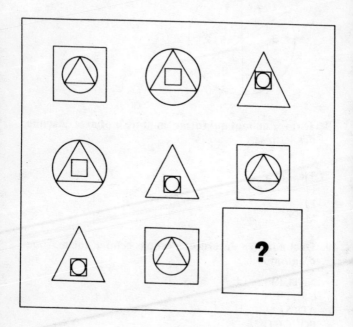

1

2

3

4

5

6

14. Quelle figure faut-il écarter ?

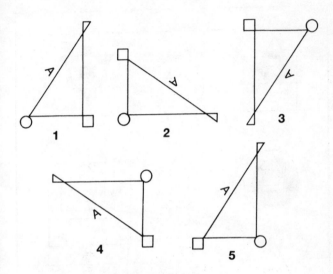

15. Quelle ville faut-il écarter ?

Londres Paris Rome Bonn
Tokyo New York Moscou Camberra

16. Trouvez les lettres manquantes :

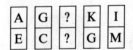

17. Quel nombre est le suivant ?

1 2 5 12 27 .

18. Trouvez le chiffre manquant :

4 5 6 8 . 14 18 26

19. Laquelle de ces six figures s'inscrit dans le carré blanc ?

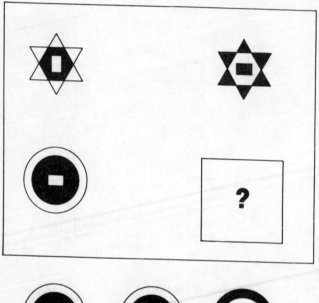

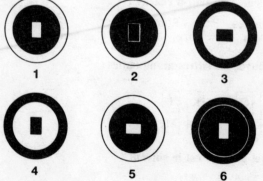

20. Quel est le numéro de la figure qui complète la série ?

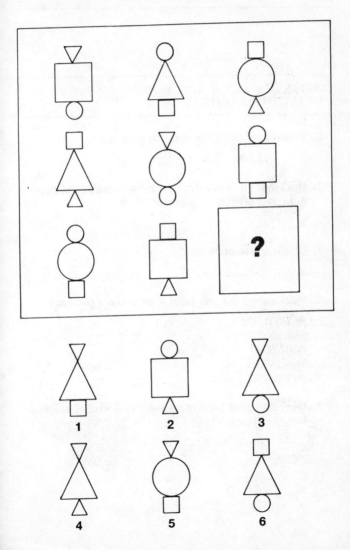

Epreuve III

ATTENTION : VOUS AVEZ 15 MIN
ET 15 MIN SEULEMENT.

1. **Trouvez les deux nombres manquants :**

   3 6 12 15 30 33 . .

2. **Quel mot en forme deux autres avec les lettres placées hors parenthèses (synonyme : escale) ?**

   S(...)AIL

3. **Quelle lettre manque ?**

   A .C F J .

4. **Quel nom n'est pas celui d'un célèbre peintre ?**

   PASCOIS
   ZARMOT
   GUIGNAU
   TAMISES
   GLEBEUR

5. **Quel mot peut former un autre mot avec chacune des lettres suivantes ?**

   PL
   G
   C
   R   (...)
   M
   S
   NU

6. Inscrivez, dans le carré blanc, le numéro de la figure qui complète la série :

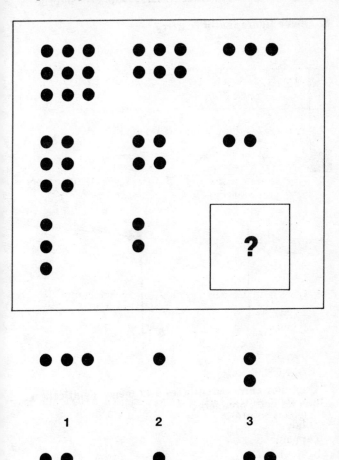

7. Quel mot faut-il écarter ?

Lune   Mercure   Vénus   Mars   Jupiter   Saturne

8. Quelle figure faut-il écarter ?

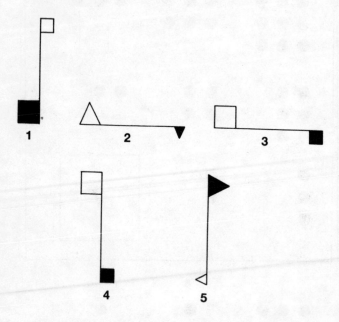

9. Quel mot entre parenthèses a la même signification que les deux premiers ?

Solide
Domaine
(. . . . .)

10. Quel est le numéro de la figure qui complète la série ?

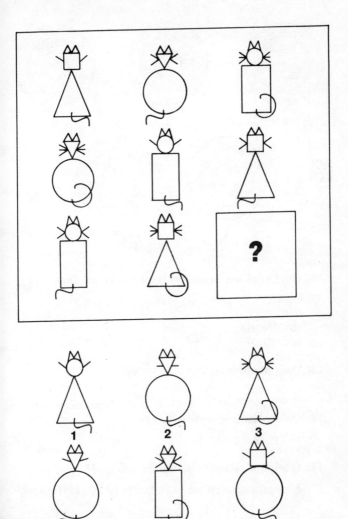

11. Quelle figure doit être écartée ?

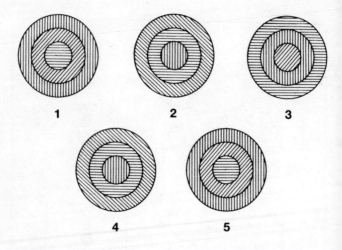

1 2 3

4 5

12. Quel nom (en désordre) n'est pas celui d'une île ?

OCRES
CIELIS
BROINQUE
LAINDRE

13. Quel nombre complète la série ?

5 7 18 31 293 .

14. Quelle lettre complète la série ?

M P K R I T .

15. Quel mot complète la phrase suivante ?

L'anagramme est au palindrome ce que la transposition est à l'...

Identification Inversion Embrouillamini Articulation Erreur

16. Quel mot complète la phrase suivante ?

Le nuage est à la pluie ce que l'éclair est au...

Ciel   Vent   Tonnerre   Flash   Soleil

17. Quel chiffre complète le tableau ?

7	21	8
17	—	5
12	1	23

18. Quel mot doit s'inscrire entre parenthèses ?

EN(FORT)SU
BH(....)NF

19. Quel chiffre manque ?

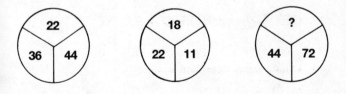

20. Inscrivez dans le carré le numéro de la figure qui complète la série :

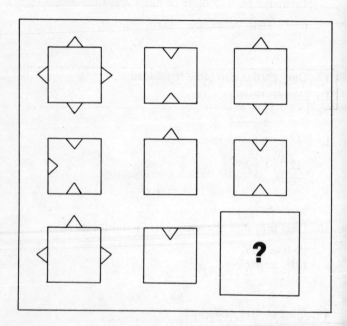

Epreuve IV

ATTENTION : VOUS AVEZ 15 MIN
ET SEULEMENT 15.

1. Trouvez le nombre manquant :

3   9   15   21   .

2. Quel chiffre complète le tableau ?

5	11	6
9	16	7
8	—	4

3. Soulignez le nom de l'animal à écarter :

Hibou   Chouette   Chauve-souris   Chat-
huant   Grand-duc

4. Quel nom faut-il écarter ?

Curieux   Absent   Départ   Noël   Opéra

5. Trouvez le mot qui forme deux autres mots avec les lettres hors parenthèses :

Baise (. . . .) Tenir

6. Quel mot manque à la deuxième ligne ?

Croquette (Boulette) Bévue
Rondouillard (. . . . . .) Emploi

7. Quelle figure complète la série ?

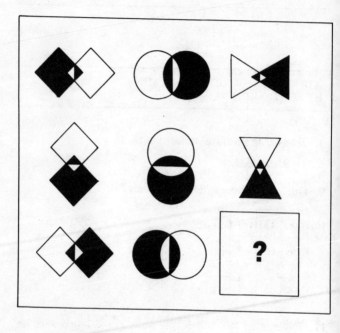

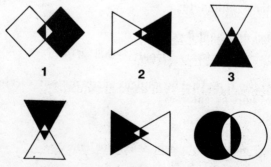

8. Quel chiffre manque ?

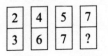

9. Trouvez le chiffre qui manque :

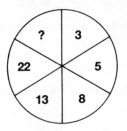

10. Quel chiffre manque ?

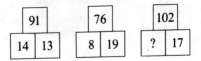

11. Trouvez un mot qui forme deux autres mots avec les lettres hors parenthèses :

TR(...)RE

12. Quel mot faut-il écarter ?

Pays   Plan   Bébé   Goût

13. Trouvez le chiffre et la lettre manquants :

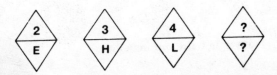

14. Trouvez un mot qui ait la même signification que les deux mots hors parenthèses :

Atlas (.....) Bristol

15. Complétez la deuxième ligne :

Ravioli 1324564   Loi   765
Rival   37458   Vol
.

16. Trouvez un mot qui forme deux autres mots avec les lettres placées hors parenthèses :

RA(...)CI

17. Quelle figure parmi les cinq proposées complète la série ?

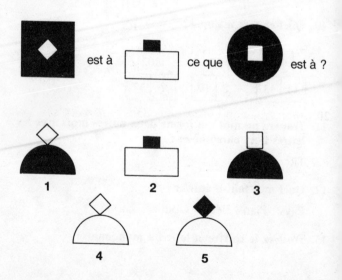

18. Trouvez la lettre qui manque :

E J . Z

19. Quelle figure parmi les cinq proposées complète la série ?

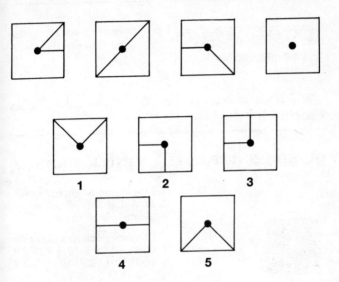

20. Trouvez le mot qui manque dans la parenthèse :

53 (face) 16
96 (. . . .) 54

Votre score

Chaque réponse exacte vaut 1 point. Vérifiez vos réponses avec les listes suivantes et faites votre compte de point épreuve par épreuve.

Epreuve I

QUESTIONS	REPONSES	EXPLICATIONS
1	13	Progression où chaque terme se déduit du précédent en ajoutant le chiffre 3.
2	11 10	Progression en alternance du type $+2$, -1 : 7 $(+2=)$ 9 $(-1=)$ 8 $(+2=)$ 10 $(-1=)$ 9 $(+2=)$ 11 $(-1=)$ 10.
3	CASSIOP	Dans l'ordre : Hugo, Flaubert, Picasso, Balzac.
4	RONDE	
5	5	La double barre du triangle pivote dans le sens des aiguilles d'une montre et les éléments dans le sens contraire, le cercle étant toujours précédé du carré.
6	4	Sur chaque ligne, on retrouve systématiquement les trois symboles : le cercle, le carré et le losange, barrés à l'intérieur par des diagonales et des perpendiculaires en alternance.
7	10	S'obtient en additionnant les trois chiffres extérieurs moins

QUESTIONS	REPONSES	EXPLICATIONS

les deux chiffres internes :
$(8 + 12 + 15) - (11 + 17) = 7$
$(22 + 9 + 8) - (13 + 16) = 10$

8	T	Chaque lettre est séparée de celle qui la précède par 2 et 3 lettres en alternance : F (gh) I (jkl) M (no) P (qrs) T.
9	TOILE	
10	PRIS	
11	SEXE	Qui peut former un mot composé avec « cache » comme Col, Nez ou Pot.
12	CACHOGI	Dans l'ordre : Berlin, Chicago, Londres et Venise.
13	3	Le cercle inscrit dans un carré s'inverse en carré inscrit dans un cercle, chaque symbole conservant sa couleur initiale. La double barrette change en revanche de couleur ; la simple, de couleur et de place.
14	AIR	
15	13	Le chiffre de la dernière colonne est égal à la somme des chiffres des deux premières moins celui de la troisième : $4 + 3 - 2 = 5$ $9 + 5 - 3 = 11$ $11 + 7 - 5 = 13$
16	14	S'obtient en multipliant les trois chiffres extérieurs et en divisant cette somme par 10 :

QUESTIONS	**REPONSES**	**EXPLICATIONS**

$$12 \times 2 \times 5 = 120 : 10 = 12$$
$$4 \times 5 \times 8 = 160 : 10 = 16$$
$$2 \times 7 \times 10 = 140 : 10 = 14$$

17   BORD

18   Q

A partir de C, la 3ᵉ lettre de l'alphabet, la suite de lettres entre les A correspond à la suite des nombres premiers : C(3), E(5), G(7), K(11), M(13) et Q 17ᵉ lettre de l'alphabet.

19   ORME

La 1ʳᵉ et la 2ᵉ ligne sont bâties sur le même modèle. La 1ʳᵉ lettre du mot entre parenthèses est l'avant-dernière du mot à gauche de la parenthèse, la 2ᵉ celle qui la précède ; la 3ᵉ lettre du mot est l'avant-dernière du mot à droite hors parenthèses, la 4ᵉ celle qui précède.

20   5

Chaque figure est constituée soit par 3 lignes formant au moins un angle droit, soit par 6 lignes qui n'en forment aucun.

Epreuve II

QUESTIONS	REPONSES	EXPLICATIONS
1	OCEAN	Tous les autres noms désignent des étendues d'eau douce.
2	DAUPHIN	Le seul mammifère dans un lot de poissons.
3	TEST	Le mot entre parenthèses est sur les deux lignes un synonyme des termes hors parenthèses.
4	3	Le chiffre de la 3e colonne s'obtient systématiquement en soustrayant le chiffre de la 1re colonne de la seconde : $6 - 1 = 5$, $8 - 7 = 1$, $7 - 4 = 3$
5		La progression supérieure est du type $+1, -2, +3, -4...$; la progression inférieure du type $-1, +2, -3, +4...$ $17(+1=)18(-2=)16(+3=)$ $19(-4=)15$ $14(-1=)13(+2=)15(-3=)$ $12(+4=)16$
6	RAS	
7	6	Chaque ligne présente la même figure dans un ordre décroissant.
8	32	Chaque chiffre s'obtient en multipliant le précédent par le suivant : $1 \times 2 = 2, 2 \times 2 = 4, 2 \times 4 = 8,$ $4 \times 8 = 32$
9	ESSE	Qui forme les mots : Cesse, Tresse, Fesse, Liesse, Messe.

QUESTIONS	REPONSES	EXPLICATIONS

10 — ATRAI — Dans l'ordre : Renault, Citroën, Atari (une marque d'ordinateur), Peugeot, Mercédès.

11 — FINANCE — Les deux lettres à gauche hors parenthèses se retrouvent inversées en fin de mot dans la parenthèse ; les deux lettres à droite en début de mot.

12 — I — Sur la 1re ligne, la 1re lettre est séparée de celle qui la suit (2e colonne) ou la précède (3e colonne) dans l'ordre alphabétique par 4 lettres ; par 3 lettres sur la 2e ligne et 2 lettres sur la 3e ligne :
C (defg) H (ijkl) M
F (ghi) J (klm) N
I (jk) L (mn) 0

13 — 3 — Chaque figure est composée de trois symboles : un carré, un cercle, un triangle. Sur chaque ligne, on retrouve ces trois symboles à l'intérieur et à l'extérieur des figures.

14 — 5 — La figure pivote systématiquement d'un quart de tour ; le carré et le cercle changent de position à chaque tour. La figure 5 ne s'inscrit pas dans cette logique.

15 — NEW YORK — La seule qui ne soit pas une capitale.

16 —

E
I

Ce sont deux suites alphabétiques qui se lisent alternativement de haut en bas et vice versa ; chaque lettre est séparée de la suivante par une

QUESTIONS	REPONSES	EXPLICATIONS
		autre lettre : A (b) C (d) E (f) G (h) I et E (f) G (h) I (j) K (l) M
17	58	Il s'agit toujours d'une puissance de 2, moins la suite des nombres entiers : 1 $(=2^1-1)$ 2 $(=2^2-2)$ 5 $(=2^3-3)$ 12 $(=2^4-4)$ 27 $(=2^5-5)$ 58 $(=2^6-6)$
18	10	Ce sont deux séries en alternance : 4 6 10 18 et 5 8 14 26 où chaque nombre est égal au double de celui qui le précède moins 2 : 6 $= (4\times2)-2$, 10 $= (6\times2)$ -2, 18 $= (10\times2)-2$ 8 $= (5\times2)-2$, 14 $= (8\times2)$ -2, 26 $= (14\times2)-2$
19	4	D'une figure à l'autre, les surfaces changent de couleur et le rectangle intérieur pivote d'un quart de tour.
20	3	Chaque figure est formée par la superposition de trois symboles : un carré, un triangle et un cercle. Ces symboles sont présents sur chaque ligne.

Epreuve III

QUESTIONS	REPONSES	EXPLICATIONS
1	66 et 69	C'est une progression du type $+3$, $\times 2$: 3 $(+3=)$ 6 $(\times 2=)$ 12 $(+3=)$ 15 $(\times 2=)$ 30 $(+3=)$ 33 $(\times 2=)$ 66 $(+3=)$ 69
2	PORT	
3	O	A C F J O : c'est une suite alphabétique où C est la 2e lettre après A, F la 3e après C, J la 4e après F, O la 5e après J.
4	ZARMOT	Dans l'ordre : Picasso, Mozart, Gaughin, Matisse, Bruegel.
5	AGE	Qui forme les mots Plage, Gage, Cage, Rage, Mage, Sage et Nuage.
6	2	D'une ligne à l'autre, d'une colonne à la suivante, la figure perd chaque fois un élément.
7	LUNE	Qui n'est pas une planète mais un satellite.
8	4	Les figures 1 et 3, 2 et 5 forment des paires où le segment pivote chaque fois d'un quart de tour et les éléments changent de couleur.
9	FERME	
10	2	Le corps et la tête des chats sont formés par trois symboles que l'on retrouve sur chaque ligne. La queue est systématiquement une fois à

QUESTIONS	**REPONSES**	**EXPLICATIONS**
		droite, une fois à gauche ou enroulée sur elle-même. Les moustaches comportent deux, quatre ou six poils.
11	3	Les figures 1 et 5, 2 et 4 forment des paires identiques.
12	BROINQUE	Dans l'ordre : Corse, Sicile, Quiberon, Irlande.
13	668	C'est une progression où le 3e chiffre s'obtient en portant au carré le 1er puis en soustrayant le second et ainsi de suite : $5^2 - 7 = 18$, $7^2 - 18 = 31$, $18^2 - 31 = 293$, $31^2 - 293 = 668$
14	G	C'est une suite alphabétique où chaque lettre est séparée de la suivante par 2, 4, 6, 8, 10, 12 lettres une fois à l'endroit, une fois à l'envers : M (no) P (onml) K (lmnopq) R (qponmlkj) I (jklmnopqrs) T (srqponmlkjih) G.
15	INVERSION	L'anagramme est un mot obtenu par transposition des lettres d'un autre mot (par ex. barre et arbre) ; le palindrome est un groupe de mots qui conserve le même sens s'il est lu de gauche à droite ou de droite à gauche (ex. Petit Robert : élu par cette crapule).
16	TONNERRE	
17	14	Le total de chaque colonne et de chaque ligne est égal à 36.
18	CIME	

QUESTIONS	REPONSES	EXPLICATIONS
19	88	Les chiffres dans le 2e cercle sont ceux du 1er divisés par 2 ; ceux du 3e sont ceux du 1er multipliés par 2.
20	3	Les triangles ont une valeur positive à l'extérieur et négative à l'intérieur. La 3e figure est la somme des précédentes :

$$+ 4 - 2 = + 2$$
$$- 3 + 1 = - 2$$
$$+ 3 - 1 = + 2$$

Epreuve IV

QUESTIONS	REPONSES	EXPLICATIONS
1	27	C'est une progression où chaque terme s'obtient en ajoutant 6 au précédent.
2	12	Le chiffre au centre est toujours égal à la somme des chiffres de gauche et de droite.
3	CHAUVE-SOURIS	C'est un mammifère. Tous les autres sont des oiseaux.
4	CURIEUX	Les autres mots commencent tous par deux lettres qui se suivent dans l'alphabet.
5	MAIN	
6	BOULOT	Synonyme à la fois de Rondouillard et d'Emploi comme Boulette l'est de Croquette et de Bévue.
7	5	Les figures de la ligne inférieure se présentent dans le même ordre que celles de la ligne supérieure mais leurs couleurs sont inversées.
8	10	La suite en bas s'obtient en multipliant les chiffres en haut par 2 et en soustrayant $-1, -2, -3, -4$: $3 = (2 \times 2) - 1, 6 = (4 \times 2) - 2$ $7 = (5 \times 2) - 3,$ $10 = (7 \times 2) - 4$
9	39	Chaque chiffre hormis le premier s'obtient en multipliant le précédent par 2 et en soustrayant $-1, -2, -3, -4, -5$:

QUESTIONS	REPONSES	EXPLICATIONS

$5 = (3 \times 2) - 1$, $8 = (5 \times 2) - 2$, $13 = (8 \times 2) - 3$, $22 = (13 \times 2) - 4$, $39 = (22 \times 2) - 5$.

10   12   Le chiffre en bas à gauche est toujours égal au chiffre du haut divisé par celui du bas à droite puis par 2.

11   AME

12   BEBE   Tous les autres mots peuvent former un nom composé avec « arrière » : Arrière-pays, Arrière-plan, Arrière-goût.

13   5/Q   C'est une progression qui augmente d'une unité à chaque fois. Le chiffre supérieur correspond au nombre de lettres qui sépare une lettre de la précédente dans l'alphabet : H est à deux lettres (fg) de E, L à trois lettres (ijk) de H, Q à quatre lettres (mnop) de L.

14   CARTE

15   579   Le code est donné par le mot « ravioli » et les chiffres qui le suivent : à chaque lettre correspond un chiffre. Les mots suivants sont formés avec des lettres du mot « ravioli ». Les chiffres sont ceux qui correspondent à ces lettres augmentés de 1, 2 et 3 : L de Loi = 6 + 1, L de Rival = 6 + 2, L de Vol = 6 + 3.

16   MER

17   5   La seconde figure est réduite de moitié par rapport à la 1re ; l'élément intérieur passe

QUESTIONS	REPONSES	EXPLICATIONS
		à l'extérieur et pivote d'un quart de tour. Toutes les surfaces changent de couleur.
18	Q	Les chiffres qui correspondent à la place de chaque lettre dans l'alphabet sont égaux aux carrés de 2, 3, 4 et 5 plus 1 : $5 (E) = 2^2 + 1,$ $10 (J) = 3^2 + 1$ $17 (Q) = 4^2 + 1,$ $26 (Z) = 5^2 + 1$
19	4	La seule sur les cinq proposées qui ne forme pas d'angle droit.
20	DEFI	Les chiffres indiquent la place de la lettre dans l'alphabet et sont inversés par rapport aux lettres dans les parenthèses : ec(face)af, 96(4569)54, etc.

Quel est votre quotient d'intelligence ?

Vous avez maintenant tous les éléments pour calculer votre
Q.I.

Vérifiez une dernière fois votre compte de bonnes réponses et reportez-vous au tableau suivant :

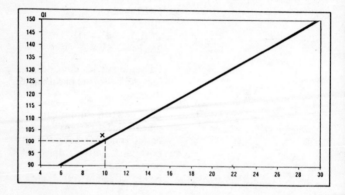

Ce tableau vous permet de transformer votre score en Q.I.
Pour cela, vous devez :
— faire le total des réponses exactes que vous avez obte-
  nues dans les épreuves I et II ;
— pointer le chiffre de ce total sur la ligne horizontale du
  tableau (ex. 10) ;
— tracer une perpendiculaire qui passe par ce point
  jusqu'à la ligne diagonale du tableau. Ces deux lignes
  se coupent en x ;
— tracer à partir de ce point x une perpendiculaire à la ver-
  ticale du tableau. Le point où cette ligne coupe la verti-
  cale vous indique une valeur de Q.I. (ex. 100) ;
— procéder de même avec les résultats obtenus dans les
  épreuves III et IV. Vous obtenez alors une seconde
  valeur de Q.I.

Ces deux valeurs, souvent différentes, vous montrent à quel point les rendements de l'intelligence, son efficacité, peuvent varier d'un moment à l'autre, ne serait-ce qu'au cours d'une même heure de « travail ».

Additionnez ces deux valeurs et divisez par 2 pour obtenir votre Q.I. Cette valeur moyenne sera sans doute plus proche de la réalité. Mais vous ne devez prendre ces deux valeurs en compte, les considérer comme valides, que si elles se situent dans une fourchette de 10 à 21 réponses exactes. Sur les 40 questions que représentent deux épreuves, vous ne devez pas en principe faire mieux, ni pire.

Votre échelle de valeur

- **Entre 90 et 110,** votre Q.I. s'inscrit dans la norme. Votre intelligence est adaptée au réel, sans génie peut-être mais sans désastre non plus. Vous n'avez pas de difficulté pour résoudre les problèmes quotidiens.

- **Entre 110 et 120,** vous êtes dans la « bonne moyenne » : une intelligence efficace en vitesse de croisière et parfois brillante.

- **Entre 120 et 130,** vous êtes soit très en forme intellectuellement en ce moment, soit particulièrement doué pour résoudre les problèmes posés par ce type d'épreuve. Une évaluation plus complète serait sans doute souhaitable pour confirmer vos performances.

- **En deçà de 90 ou au-delà de 130** (moins de 10 réponses justes ou plus de 21 pour deux épreuves), on tombe dans les catégories « débile » et « surdoué ». Les probabilités pour que vous soyez l'un ou l'autre sont extrêmement faibles. Il vaut mieux admettre que ce type de test n'est pas adapté pour évaluer correctement votre degré d'intelligence.

Voici pour terminer la table des valeurs définies par Wechsler. Elle vous permettra de situer votre niveau intellectuel par rapport à un ensemble de population.

Q.I.	Niveau intellectuel	Pourcentage population
130 et plus	Très supérieur	2,2 %
120-129	Supérieur	6,7 %
110-119	Normal élevé	16,1 %
90-109	Moyen	50 %
80-89	Normal faible	16,1 %
70-79	Inférieur	6,7 %
69 et moins	Déficient	2,2 %

LE FACTEUR
RAISONNEMENT

Le facteur « Raisonnement » se rapporte à l'activité de la raison en ce qu'elle a de plus général : une capacité à former et à enchaîner des jugements, pour parvenir à une conclusion.

Il se décompose en deux facteurs particuliers : un facteur « Induction » et un facteur « Déduction ».

L'induction est une opération mentale qui consiste à remonter des faits à la loi, de cas particuliers à une règle générale. Le facteur « Induction » caractérise cette aptitude à raisonner du particulier au général. Il s'agit toujours, par exemple, dans les tests de comprendre la relation qui existe entre deux éléments pour éventuellement l'appliquer à un troisième.

La déduction est justement le procédé de la pensée qui permet ce type d'application, de conclure à titre de conséquence, à partir de données initiales. Le facteur « Déduction » est caractéristique de cette aptitude à raisonner du général au particulier.

Les tests dits de raisonnement, de nombreux tests

d'intelligence, sont saturés par ces deux facteurs. En réalité, ceux-ci sont souvent difficilement dissociables. Mais l'on admet communément que les séries de chiffres sont plus fortement saturées en facteur D (déduction) et les séries de lettres en facteur I (induction).

Les tests

Ces tests sont conçus pour vous aider à faire le point sur vos facultés logiques. Ils sont conformes aux modèles en cours dans les organismes professionnels ou les institutions publiques. Ils vous permettront aussi bien d'évaluer au plus juste vos capacités de raisonnement que d'en estimer les qualités.

Ils consistent en deux épreuves constituées chacune par trois séries d'exercices. C'est, au total, quarante problèmes qui sont présentés à votre perspicacité. Chaque épreuve (20 problèmes) est limitée dans sa durée à 15 min, soit un petit peu moins d'une minute par problème. Votre temps de réflexion est donc compté : ne le perdez pas en bloquant sur un problème. Il vaut mieux ne pas donner toutes les réponses mais donner des réponses exactes.

Vous n'êtes pas obligé de passer les deux épreuves dans la foulée. Vous pouvez prendre votre temps entre les deux, voire même la journée, ou la nuit. Une condition cependant. Attendez d'en avoir complètement terminé avec les deux avant d'aller vérifier vos résultats.

Chaque épreuve est précédée d'exemples qui vous familiarisent avec les problèmes posés. Prenez votre temps pour les étudier.

Epreuve I

Exemples : problèmes

1. **Trouver le chiffre manquant :**

   1   4   9   16   .

2. **Quels chiffres complètent la série ?**

   3   9   27   81   .   .

3. **Quelle lettre manque ?**

   a   e   i   o   u   .

4. **Quelle lettre complète le dernier groupe ?**

   DBAC   HFEG   LJIK   PNM.

5. **Remplacez le point :**

   666(S)   389(T)   972(N)   707(.)

6. **Remplacez le point :**

   amour   souris   hélicoptère   eau
     5   6   11   .

Exemples : solutions

1. 1 4 9 16 (25) : c'est la progression des nombres entiers au carré.

2. 3 9 27 81 (243) (729) : chaque chiffre s'obtient en multipliant par 3 le précédent.

3. a e i o u (y) : la suite des voyelles.

4. DBAC HFEG LJIK PNM(O) : dans chaque groupe de lettres, la dernière précède la première dans l'ordre alphabétique.

5. 666(S) 389(T) 972(N) 707(S) : la lettre entre parenthèses est l'initiale du chiffre correspondant lorsqu'il est écrit en toutes lettres : S pour Six cent soixante-six, T pour Trois cent quatre-vingt-neuf, N pour Neuf cent soixante-douze et S pour Sept cent sept.

6. amour   souris   hélicoptère   eau
     5   6   11   (3)
   Le chiffre au-dessous de chaque mot représente le total des lettres du mot.

STOP : ICI COMMENCE REELLEMENT LA PREMIERE EPREUVE. AVEZ-VOUS BIEN LU LES INSTRUCTIONS PRECEDENTES ?

Oui ? C'est à vous de jouer. N'oubliez pas que vos crayon/papier ne doivent vous servir qu'à noter vos réponses. Attention : vous avez 15 min et pas une de plus.

Les séries de chiffres

Chaque point représente un chiffre que vous devez trouver pour compléter la série.

1. | 1   5   9   13   .
2. | 5   2   4   1   3   .
3. | 3   6   5   10   9   .
4. | 3   6   5   15   14   .   .
5. | 0   2   6   12   .
6. | 7   13   8   12   .   11   .

Les séries de lettres

Vous devez remplacer chaque point par la lettre correspondante :

1. | A   D   G   J   .
2. | AE   BF   CG   DH   ..
3. | A   Z   BC   YX   DEF   ...
4. | A   C   E   G   I   ..
5. | A   D   I   P   .
6. | C   G   L   R   .

Les séries combinées

Chaque point représente une lettre ou un chiffre que vous devez trouver pour compléter la série.

1. | J   2   G   5   D   8   ..
2. | A1   BC2   DEF6   GHIJ.
3. | I2   VI3   V2   XV4
   | XX4   VII4   III3   XIV.
4. | I2   A1   R3   AIR
   | M3   E2   M4   E5   F1   ....
5. | 1A   2D   3I   4P   ..
6. | 12B   23F   34L   45.
7. | A21   E72   C63   H9.
8. | 111   1111   11   1; C M O .

FIN DE LA PREMIERE EPREUVE.
VOUS POUVEZ CONTINUER OU REMETTRE A PLUS
TARD.

Epreuve II

Exemples : problèmes

1. Quelle est la carte retournée ?

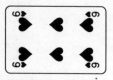

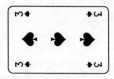

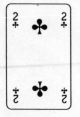

2. Quelles sont les cartes retournées ?

 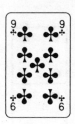 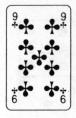

3. Quel domino complète la figure ?

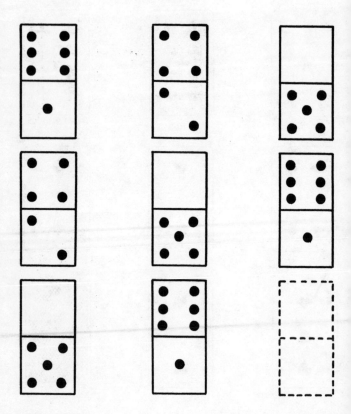

4. Quel domino complète la figure ?

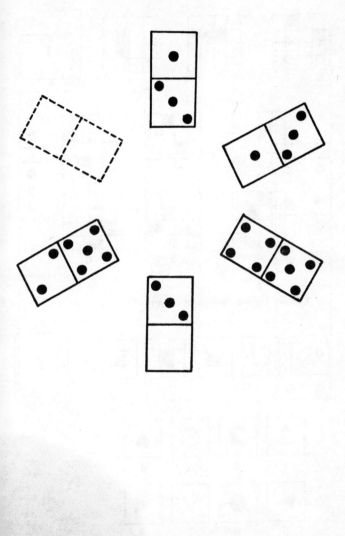

5. Quel est le numéro de la figure qui complète la série ?

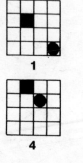 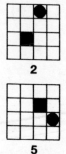 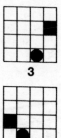

6. Quelle figure complète la série ?

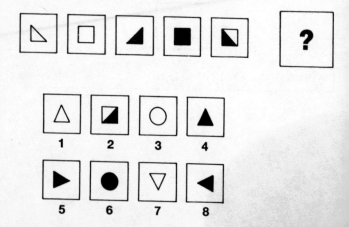

Exemples : solutions

1. Sept de Trèfle. Sur chaque ligne, les cartes ont le même motif et la somme de leur valeur est toujours égale à 9 : 6 + 3 = 2 + (7) = 4 + 5 = 9.

2. Six de Cœur et Deux de Pique. Sur chaque ligne, les cartes ont le même motif, successivement : Trèfle, Carreau, Cœur et Pique. D'une ligne à l'autre, les valeurs s'obtiennent une fois pour la carte de droite en multipliant les valeurs de celles qui la précèdent (1 × 9 = 9), une autre fois pour la carte de gauche en multipliant les valeurs des cartes qui la suivent (4 = 2 × 2). Soit à la 3ᵉ ligne 3 × 2 = (6) et à la 4ᵉ, 10 = 5 × (2).

3. 4/2. On retrouve sur chaque ligne la même série de dominos dans un ordre différent.

4. 4/2. Les valeurs à l'extérieur de l'étoile forment une progression dans le sens des aiguilles d'une montre en « sautant » systématiquement un chiffre : 1 (2) 3 (4) 5 (6) 0 (1) 2 ((3)) 4. La somme des valeurs à l'intérieur est toujours égale à six si l'on considère le face à face : 3 + 3 = 1 + 5 = 4 + (2) = 6.

5. Figure nº 3 : le petit carré noir se déplace d'une case horizontalement ; le rond noir d'une case verticalement.

6. Figure nº 2 : le symbole au centre des carrés comporte systématiquement un angle droit.

STOP : ICI COMMENCE REELLEMENT
LA 2ᵉ EPREUVE.
ATTENTION : VOUS AVEZ 15 MIN ET 15 SEULEMENT.

Les séries de cartes

Chaque rectangle gris représente une carte retournée dont vous devez trouver la valeur. Vous ne devez pas tenir compte d'éventuels jokers.

1. Quelle est la carte cachée ?

2. Quelle est la carte cachée?

3. Quelles sont les cartes cachées ?

4. Quelle est la carte cachée ?

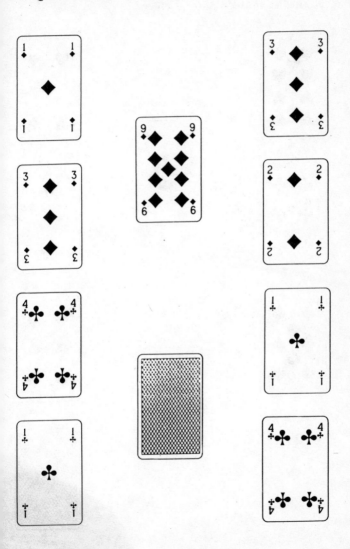

5. Quelle est la carte cachée ?

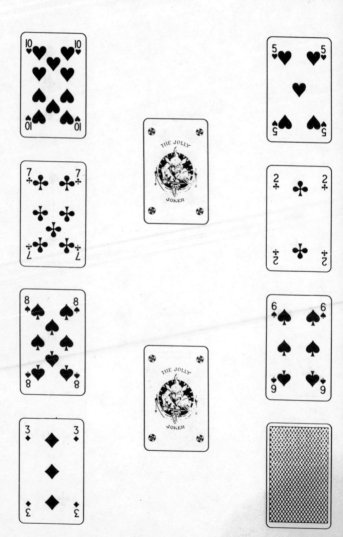

6. Quelle est la carte cachée ?

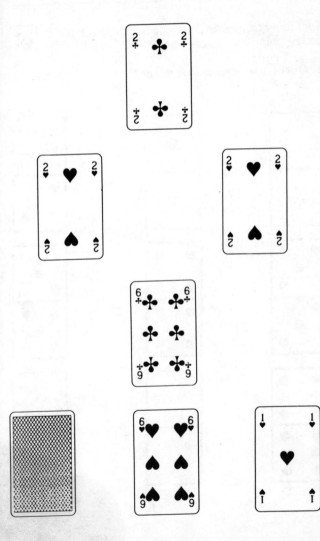

Les séries de dominos

Vous devez trouver les deux valeurs de chaque domino inscrit en pointillés dans la figure.

1. Quel est le domino manquant ?

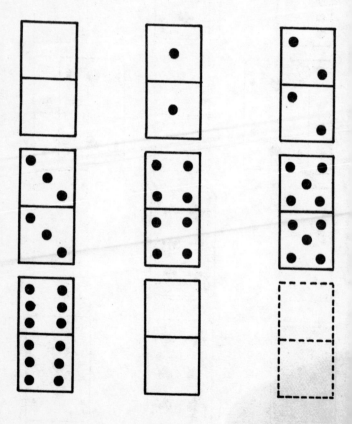

2. Quel est le domino manquant ?

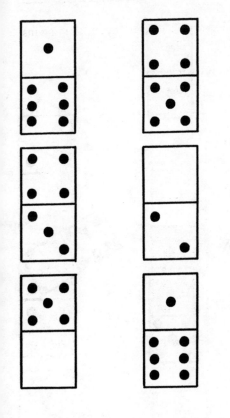
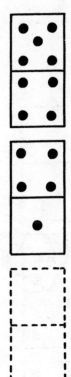

3. Quel est le domino manquant ?

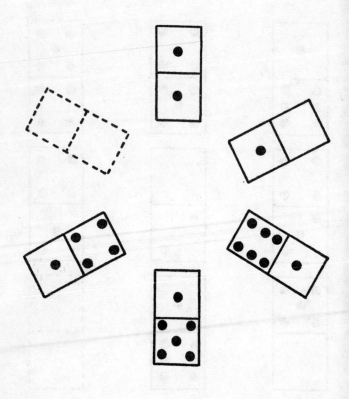

4. Quel est le domino manquant ?

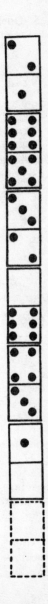

5. Quels sont les dominos manquants ?

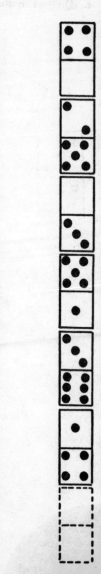

6. Quel est le domino manquant ?

Les séries graphiques

Où il s'agit toujours de compléter une série de dessins géométriques en choisissant parmi différentes figures proposées.

1. Quelle est la figure manquante ?

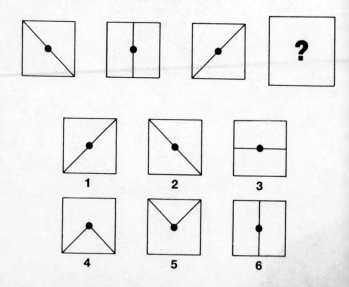

2. Quelle est la figure manquante ?

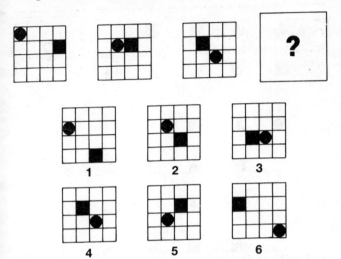

3. Quelle est la figure manquante ?

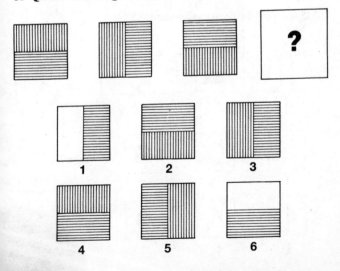

4. Quelle est la figure manquante ?

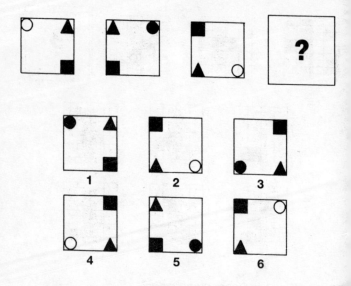

5. Quelle est la figure manquante ?

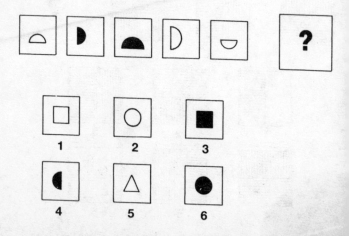

6. Quelle est la figure manquante ?

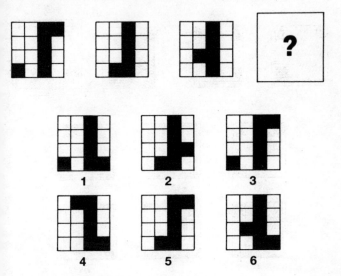

7. Quelle est la figure manquante ?

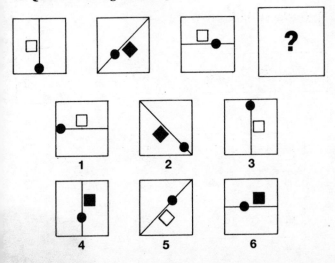

8. Quelle est la figure manquante ?

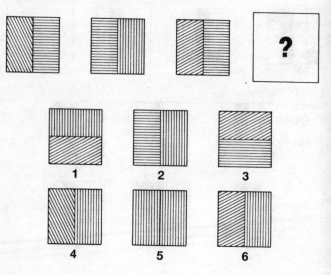

Votre score

Chaque réponse exacte vaut 1 point indépendamment de la difficulté de l'exercice. Vérifiez vos réponses à l'aide de la liste suivante et complétez votre nombre de points série par série.

Epreuve I

QUESTIONS	REPONSES	EXPLICATIONS

Les séries de chiffres

1	17	Chaque chiffre s'obtient en ajoutant 4 au précédent.
2	0	C'est une progression du type $-3, +2 : 5(-3) = 2(+2) = 4(-3) = 1(+2) = 3(-3) = 0$.
3	18	C'est une progression du type $\times 2, -1 : 3(\times 2) = 6(-1) = 5(\times 2) = 10(-1) = 9(\times 2) = 18$.
4	56.55	C'est une progression du type $\times 2, -1, \times 3, -1, \times 4, -1... : 3 (\times 2=) 6 (-1=) 5 (\times 3=) 15 (-1=) 14 (\times 4=) 56 (-1=) 55$.
5	20	C'est la suite 1, 2, 3, 4, 5 où chaque chiffre est élevé à la puissance 2 moins sa propre valeur : $1^2 - 1 = 0$, $2^2 - 2 = 2$, $3^2 - 3 = 6$, $4^2 - 4 = 12$, $5^2 - 5 = (20)$.
6	9, 10	Chaque terme s'obtient en ajoutant ou en retranchant du précédent la suite 6, 5, 4, 3, 2, 1 : $7 (+6=) 13 (-5=) 8 (+4=) 12 (-3=) 9 (+2=) 11 (-1=) 10$.

QUESTIONS	**REPONSES**	**EXPLICATIONS**

Les séries de lettres

1	M	Chaque lettre est séparée de la précédente par deux autres lettres : A (bc) D (ef) G (hi) J (kl) M.
2	EI	Les lettres de gauche et de droite forment deux suites alphabétiques distinctes : A, B, C, D, E et E, F, G, H, I.
3	WVU	Ce sont deux suites alphabétiques, l'une en sens direct (A, BC, DEF) et l'autre en sens inverse (Z, YX, WVU), où chaque groupe s'augmente à chaque fois d'une lettre.
4	K et M	Ce sont deux séquences distinctes où chaque lettre est séparée de celle qui la précède par trois autres lettres : A (bcd) E (fgh) I (jkl) M et C (def) G (hij) K.
5	Y	La progression des lettres de cette série est donnée par la place qu'elle occupe dans l'alphabet. Cette place correspond à une suite de carrés : $1^2 = 1 = A$, $2^2 = 4 = D$, $3^2 = 9 = I$, $4^2 = 16 = P$, $5^2 = Y$, la 25e lettre de l'alphabet.
6	W	Chaque lettre de cette série est située dans l'alphabet à égale distance entre deux voyelles : (a) b C d (e) f G h (i) j k L m n (o) p q R s t (u) v W x (y).

QUESTIONS	REPONSES	EXPLICATIONS

Les séries combinées

1	A et 11	Chaque lettre, en sens inverse de l'alphabet, est séparée de la précédente par deux autres lettres. Chaque chiffre s'obtient en ajoutant 3 au précédent.
2	24	Chaque chiffre à partir de 2 s'obtient en multipliant le précédent par le nombre de lettres qu'il suit.
3	5	Chaque chiffre (arabe) correspond au nombre de traits qui forment le chiffre romain qui le précède.
4	FEMME	Les chiffres donnent la place des lettres dans le mot.
5	5Y	Chaque chiffre élevé à la puissance 2 correspond à une lettre dans l'alphabet. $5^2 = $ Y, la 25e lettre.
6	T	La position de la lettre dans l'alphabet s'obtient en multipliant les deux chiffres qui la précèdent : $4 \times 5 = $ T, 20e lettre.
7	1	Dans cette série, le numéro de chaque lettre dans l'alphabet s'obtient en soustrayant les deux chiffres qui suivent : H 8e lettre $= 9 \, (-1)$.
8	U	Chaque lettre correspond à l'initiale du chiffre écrit en toutes lettres : C pour Cent onze, M pour Mille cent onze, O pour Onze et U pour Un.

Epreuve II

| QUESTIONS | REPONSES | EXPLICATIONS |

Les séries de cartes

1 — As de Cœur — Chaque carte a une valeur décroissante de − 3 par rapport à la précédente. Tous les motifs : Pique, Carreau, Trèfle et Cœur, sont représentés.

2 — Quatre de Carreau — Chaque ligne présente trois motifs : Pique, Carreau, Trèfle, dans un ordre différent. La carte à droite s'obtient toujours en soustrayant la seconde de la première : $9 - 2 = 7$, $10 - 5 = 5$, $6 - 2 = (4)$.

3 — Six de Carreau à l'intérieur Trois de Carreau à l'extérieur — Toutes les cartes de la figure sont de la même couleur : Carreau.
En partant de l'As supérieur et en tournant dans le sens des aiguilles d'une montre, on obtient une suite de nombres : 1, 2, (3), 4, 5, en alternant extérieur et intérieur.
En partant du Deux de Carreau supérieur, on obtient une progression : 2, 4, (6), 8, 10, en alternant intérieur-extérieur où chaque nombre s'obtient en ajoutant 2 au précédent.

4 — Dix de Trèfle — Au groupe des 5 Carreaux correspond un groupe de 5 Trèfles. La valeur de la carte centrale de chaque groupe est égale à la somme des valeurs des cartes du groupe : $1 + 3 + 3 + 2 = 9$ et $4 + 1 + 1 + 4 = (10)$.

QUESTIONS	REPONSES	EXPLICATIONS
5	As de Carreau	Sur une ligne donnée, les cartes ont des motifs semblables. Dans chaque groupe inférieur et supérieur, la somme des valeurs des diagonales est égale. En haut : $10+2=5+7$; en bas $8+(1)=3+6$.
6	As de Cœur	Sur une ligne donnée, les cartes présentent les mêmes motifs. De la 1re ligne (en haut) à la 4e (en bas), la progression des valeurs est du type $+2$: 2, 4 $(2+2)$, 6, 8 $(1+6+1)$.

Les séries de dominos

1	Double Un	En partant du domino de gauche à la ligne supérieure, on obtient une suite de valeurs croissante : double 0, double 1, double 2, double 3, double 4, double 5, double 6, double 0 et double 1.
2	6/5	La valeur de la moitié supérieure du domino de droite est toujours égale à la somme des valeurs des moitiés supérieures des deux dominos qui le précèdent : $1+4=5$, $4+0=4$, $5+1=(6)$. Les valeurs des moitiés inférieures des dominos représentent une progression décroissante : 6, 5, 4, 3, 2, 1, 0, 6, (1).
3	3/1	L'As est présent sur tous les dominos si l'on alterne intérieur - extérieur. A partir de l'As inférieur du domino supérieur, les nombres for-

QUESTIONS	**REPONSES**	**EXPLICATIONS**
		ment une suite décroissante : 1, 0, 6, 5, 4, (3).
4	5/4	Si l'on exclut le domino central, on obtient dans la partie supérieure deux séries de trois dominos dont les deux extrémités ont même valeur : 2 et (4). La différence des valeurs supérieures - inférieures des autres dominos est toujours égale à 1 : de haut en bas, $2-1=6-5=3-2=4-3=1$ $-0=(5-4)$.
5	1/6 et 6/2	La série de gauche présente de haut en bas une suite décroissante de nombres où chaque chiffre est séparé du précédent par un autre chiffre : 4(3)2(1)0(6)5(4)3(2)1(0)6(5)4 (3)2(1)0(6)5(4)3(2)*1*(0)*6*(5). La série de droite présente de haut en bas une suite croissante où chaque chiffre est séparé du précédent par deux valeurs et un chiffre : 4(5/6) 0(1) 2(3/4) 5(6) 0(1/2) 3(4) 5(6/0) 1(2) 3(4/5) 6(0) 1(2/3) 4(5) *6*(0/1) *2*.
6	2/4	Les valeurs des moitiés gauches des dominos forment une progression du type $+2$, -1 : 1 est le 2e chiffre après 6, 0 le 1er avant 1, 2 le 2e après 0, 1 le 1er avant 2, 3 le 2e après 1, (2) le 1er avant 3. Les valeurs des moitiés droites forment une progression du type $+1$, $+2$, $+3$, $+4$, $+5$, $+6$: 5 est la 1re valeur après 4, 0 la 2e valeur après 5, 3 la 3e valeur après 0, etc.

QUESTIONS	REPONSES	EXPLICATIONS

Les séries graphiques

1	3	La ligne pivote systématiquement de 45°.
2	6	Le cercle se déplace d'une case en diagonale ; le carré d'une case horizontalement.
3	5	Toute la figure pivote d'un quart de tour à chaque fois.
4	3	Le rond et le carré tournent dans le sens des aiguilles d'une montre : le rond change chaque fois de couleur. Le triangle tourne dans le sens contraire des aiguilles d'une montre.
5	4	Toutes les figures présentent un demi-cercle.
6	1	Le carré en haut à droite se déplace en diagonale ; le carré en bas à gauche horizontalement.
7	2	Le trait central pivote systématiquement de 45°. Le cercle noir se déplace d'un quart de trait à chaque fois. Le carré inverse couleur et place.
8	5	Les rayures de la moitié gauche pivotent systématiquement de 45° dans le sens contraire des aiguilles d'une montre. Les rayures des moitiés droites sont alternativement horizontales et verticales.

Etes-vous logique ?

Inscrivez vos différents scores dans le tableau suivant. Vous aurez ainsi une vue d'ensemble de vos résultats.

EPREUVE I	EPREUVE II
1 *Série de chiffres* (6 questions) Total réponses exactes :	4 *Série de cartes* (6 questions) Total réponses exactes :
2 *Série de lettres* (6 questions) Total réponses exactes :	5 *Série de dominos* (6 questions) Total réponses exactes :
3 *Série combinées* (8 questions) Total réponses exactes :	6 *Série graphiques* (8 questions) Total réponses exactes :
Total : questions : 40 Total : réponses exactes :	

Vous pouvez interpréter ces résultats de plusieurs manières : globalement, série par série et en faisant certaines comparaisons.

Globalement

Ce test est valable si votre score général se situe dans une fourchette de 6 à 22 réponses exactes. A moins de 6 réponses exactes ou à plus de 22, quelque chose cloche. Ce peut être le test, ce peut être vous. Mais c'est de toute façon anormal. Vous n'êtes pas fait pour ce genre de test ou ce test n'est pas fait pour vous.

- **Entre 6 et 14 réponses exactes...**
  Vous vous situez dans la moyenne. Vous avez de la suite dans les idées, du bon sens. Vous raisonnez bien avec parfois, cependant, un certain manque de rigueur si vous êtes plus près de 6. Et, en revanche, un sens certain de l'abstraction si vous êtes plus près de 14.

- **Entre 15 et 18 réponses exactes...**
  Vous avez, plus que du bon sens, une logique rigoureuse, des facilités d'analyse, un excellent jugement. Vous raisonnez juste même si c'est parfois d'une manière un peu trop formelle. Vous êtes très cohérent.

- **Entre 18 et 22 réponses exactes...**
  Vous avez un excellent degré d'abstraction, une logique impeccable. Vous êtes très méthodique dans vos réflexions, à la limite de la manie. Vous raisonnez d'une manière claire, précise, mais il vous manque parfois un peu de cet esprit de « finesse » qui arrondit si bien les angles.

Série par série

- Vous êtes « **faible** » dans une série donnée si vous avez obtenu moins de 2 points dans les séries 1, 2, 4 et 5 ou moins de 3 points dans les séries 3 et 6.

- Vous êtes « **fort** » en revanche dans une série donnée si vous avez obtenu plus de 3 points dans les séries 1, 2, 4 et 5, ou plus de 4 points dans les séries 3 et 6.

Par comparaison

- Comparez vos résultats dans les **séries 1 et 2.**
Vous avez plus de facilités pour raisonner du général au particulier, pour la *déduction,* si vous avez fait un meilleur score en 1.

  Vous avez en revanche plus d'aptitude à raisonner du particulier au général, pour l'*induction*, si vous avez fait un meilleur score en 2.

  Ces résultats n'ont bien entendu qu'une valeur indicative. Il est très difficile de séparer nettement l'induction et la déduction dans les tests, comme d'ailleurs en réalité.

- Comparez les résultats que vous avez obtenus dans les **séries 3 et 6.**
De meilleures performances dans la série 3 présument une forme d'intelligence plus « conceptuelle ». Vous pensez plus facilement en mots, vous avez une bonne perception et compréhension des signes.

  Plus de succès dans la série 6 présage en revanche une intelligence plus « visuelle ». Vous pensez plus facilement en image : vous avez une bonne perception des formes.

LE FACTEUR NUMÉRIQUE

Le facteur numérique (N de Thurstone) est essentiel à l'évaluation de l'intelligence. Il relève du domaine des fonctions intellectuelles supérieures et rend compte de l'aptitude à manipuler des chiffres.

Tous les tests qui utilisent des chiffres, par exemple les tests de raisonnement (voir chapitre précédent), sont plus ou moins saturés par ce facteur. Les tests qui en constituent la meilleure mesure, ceux dont la saturation en N est la plus forte, font appel aux opérations arithmétiques simples : addition, soustraction, multiplication, division.

Contrairement à une idée reçue, surtout par ceux qui sont nuls en arithmétique, la capacité de calcul n'est pas une simple fonction technique de l'intelligence. Elle révèle l'intelligence dans ce qu'elle a de plus basique, comme une aptitude à accomplir des opérations simples, pour résoudre des problèmes, parfois complexes.

Le test

Le test suivant est conçu pour vous permettre d'apprécier au plus juste vos capacités de calcul. Il se compose de problèmes dont les solutions sont données. Vous devrez vérifier si ces solutions sont, ou non, exactes et cocher la case correspondante.

Vous devez faire tous les calculs de tête sans rien écrire ni vous servir d'une calculette. La durée de l'épreuve est limitée à 15 min soit, en moyenne, 25 secondes par problème. Vous n'avez donc pas le temps de vous éterniser sur une opération. Surtout qu'il vaut mieux, ici, donner un maximum de réponses, cocher toutes les cases.

Mais voici d'abord quelques exemples pour vous entraîner. Vous avez tout votre temps pour vous familiariser.

Exemples : problèmes

Le compte est bon

1. $66 + 31 = 97$ OUI   NON

2. $43 - 27 = 16$ OUI   NON

3. $28 \times 4 = 112$ OUI   NON

4. $\dfrac{43}{6} = 7$ OUI   NON

5. $2^6 = 66$ OUI   NON

6. $\dfrac{19 - 3 + 5 + 6 - 8}{7 + 4 - 10 + 18} = 1$ OUI   NON

Exemples : solutions

Les résultats des problèmes 4 et 5 sont faux ($43/6 = 7,166$ et $2^6 = 64$).

STOP : ICI COMMENCE REELLEMENT LE TEST.
ATTENTION : VOUS AVEZ 15 MIN
ET PAS UNE DE PLUS.

Le compte est bon

		OUI	NON
1.	$45 - 38 = 7$	OUI	NON
2.	$53 + 48 = 103$	OUI	NON
3.	$12 \times 24 = 288$	OUI	NON
4.	$\dfrac{76}{6} = 13$	OUI	NON
5.	$4^5 = 1024$	OUI	NON
6.	$5 \times 12 = 15 \times 4$	OUI	NON
7.	$\dfrac{360}{18} = 20$	OUI	NON
8.	$4317 \times 3 = 12951$	OUI	NON
9.	$728 + 452 = 1180$	OUI	NON
10.	$913 - 357 = 555$	OUI	NON
11.	$\dfrac{3^7}{7^3} = 6$	OUI	NON
12.	$\dfrac{21}{42} = \dfrac{37}{73}$	OUI	NON
13.	$8456 - 3457 = 4999$	OUI	NON

Le compte est bon

14. $36 + 3 - 15 - 7 + 21 - 14 = 24$ OUI NON

15. $(3 \times 7) - 11 - (6 \times 2) + 2 = 0$ OUI NON

16. $\dfrac{581}{83} = 7$ OUI NON

17. $\dfrac{8436}{703} = 13$ OUI NON

18. $677 \times 11 = 7447$ OUI NON

19. $4 + 8 - (7 \times 2) + 5 = 3$ OUI NON

20. $\dfrac{(7 \times 3) - 19}{2 \times (5 - 4)} = 1$ OUI NON

21. $3256 - 1327 = 2357 - 429$ OUI NON

22. $67 \times 7 = 469$ OUI NON

23. $76 \times 6 = 456$ OUI NON

24. $455 + 545 = 1000$ OUI NON

25. $333 - 333 = 0$ OUI NON

26. $\dfrac{1311}{3} = 437$ OUI NON

27. $4539 \times 7 = 31773$ OUI NON

28.
$$\begin{array}{r} 2327 \\ + 7232 \\ \hline 9559 \end{array}$$
OUI NON

29.
$$\begin{array}{r} 6315 \\ + 1728 \\ \hline 7033 \end{array}$$
OUI NON

30.
$$\begin{array}{r} 7623 \\ - 6732 \\ \hline 1991 \end{array}$$
OUI NON

Le compte est bon

		OUI	NON

31.
$$\begin{array}{r} 8537 \\ -\ 7804 \\ \hline 733 \end{array}$$
OUI   NON

32. $\dfrac{86247}{777} = 111$ OUI   NON

33.
$$\begin{array}{r} 3513 \\ \times\ \ \ 45 \\ \hline 17565 \\ 14052 \\ \hline 158085 \end{array}$$
OUI   NON

34.
$$\begin{array}{r} 9427 \\ \times\ \ \ 73 \\ \hline 28281 \\ 65989 \\ \hline 688071 \end{array}$$
OUI   NON

35.
$$\begin{array}{r} 7613 \\ \times\ \ 327 \\ \hline 53291 \\ 15226 \\ 22839 \\ \hline 2489451 \end{array}$$
OUI   NON

36. $\dfrac{108}{9} = 3^2 + 3$ OUI   NON

37. $111^3 = 1367633$ OUI   NON

38. $\dfrac{3149}{235} = 13,4$ OUI   NON

39. $43 + 27 - 13 + 7 + 5 - 21 + 4 - 9 = 43$ OUI   NON

40. $\dfrac{3888}{360} = 10,8$ OUI   NON

Votre score

Chaque bonne réponse vaut 1 point indépendamment de la difficulté du problème posé.

Vérifiez vos réponses à l'aide du tableau suivant et faites le total de vos points.

QUESTIONS	LE COMPTE EST BON	QUESTIONS	LE COMPTE EST BON
1	OUI	21	NON
2	NON	22	OUI
3	OUI	23	OUI
4	NON	24	OUI
5	OUI	25	OUI
6	OUI	26	OUI
7	OUI	27	OUI
8	OUI	28	OUI
9	OUI	29	NON
10	NON	30	NON
11	NON	31	OUI
12	NON	32	OUI
13	OUI	33	OUI
14	OUI	34	NON
15	OUI	35	OUI
16	OUI	36	OUI
17	NON	37	NON
18	OUI	38	OUI
19	OUI	39	OUI
20	OUI	40	OUI

Comment interpréter vos résultats ?

• **Entre 6 et 9 réponses exactes...**
Vous n'êtes pas très brillant, peu à l'aise avec les chiffres, plus ou moins fâché avec les différentes opérations arithmétiques. Vous avez appris à compter sommairement ou alors vous avez tout oublié par paresse ou par désintérêt. Votre degré d'abstraction est assez faible ; vous pensez plus souvent en image.

• **Entre 10 et 18 réponses exactes...**
Vous vous situez dans la moyenne. Vous calculez bien, en tout cas pour résoudre tous les petits problèmes arithmétiques de la vie courante sans avoir à faire appel à un ordinateur de bord. Plus près de 10, vous avez cependant intérêt à vérifier votre monnaie quand on vous la rend. Plus proche de 18 que de 10, vos comptes sont en général assez nets ; vous avez une certaine agilité mentale.

• **Entre 19 et 27 réponses exactes...**
Vous avez un très bon degré d'abstraction, de réelles facilités pour manipuler des chiffres, pour effectuer des opérations. C'est en principe la preuve d'un esprit critique, précis, rapide, efficace. A moins que sacrifiant la précision et la rapidité, vous ayez répondu à ce test à toute vitesse. Auquel cas, vous avez été servi par la chance ou par votre intuition... Ce sont de toute façon d'excellents résultats.

• **Entre 28 et 32 réponses exactes...**
C'est assez exceptionnel si vous n'êtes pas expert comptable de métier ou finaliste des « Chiffres et des Lettres ». Mais même si vous êtes très bien entraîné à la manipulation des chiffres pour ces raisons, ou d'autres, vos résultats prouvent néanmoins que vous avez un don, peut-être pas la bosse des maths, mais un réel talent pour l'arithmétique.

LE FACTEUR MÉMOIRE

Le facteur mémoire concerne l'ensemble des fonctions psychiques grâce auxquelles nous pouvons nous représenter le passé comme tel. Il implique, en réalité, quatre opérations distinctes effectuées sur une information donnée :

1. La saisie (enregistrement, fixation).
2. La conservation (sauvegarde, stockage).
3. Le rappel (évocation, réminiscence).
4. La reconnaissance (identification, localisation).

La mémoire est une fonction complexe. L'on doit, par exemple, distinguer l'évocation de la réminiscence, l'identification de la localisation.

L'évocation est un effort de remémoration volontaire du souvenir ; la réminiscence est, au contraire, une remémoration involontaire, le retour à l'esprit d'un souvenir qui n'est pas reconnu comme tel.

L'identification désigne en revanche le fait de reconnaître quelque chose d'actuel comme une trace du passé, de se représenter un souvenir comme tel ; la localisation suppose de resituer ce souvenir dans son contexte temporel.

Au plan de l'intelligence, on distingue en plus du facteur mémoire (M de Thurstone) un autre facteur dit de « mémoire immédiate » qui fait intervenir d'autres mécanismes intellectuels. A la différence de ce qu'on a bien voulu appeler la mémoire du passé, ou la mémoire différée, la mémoire immédiate a ceci de particulier qu'il n'y a pas (pour employer un langage d'informatique) sauvegarde de l'information, de fixation mnémonique.

La mémoire immédiate correspond un peu à l'apprentissage « par cœur ». Un peu seulement car il y a dans apprendre « par cœur » quelque chose qui ressemble aussi à la mémoire-habitude, une conservation d'impressions qui continuent à influer sur nos comportements, nos réponses.

Les tests qui sont utilisés pour évaluer ces deux capacités mnémoniques sont évidemment différents. Les premiers font appel à des couples d'éléments sans rapport logique entre eux, les seconds à des séries de chiffres. Nous commencerons par celles-ci.

Testez votre mémoire immédiate

Ce test se compose de quatre épreuves comportant chacune sept séries de chiffres. Vous devez lire chaque série de chiffres une seule fois et la reconstituer de mémoire. Vous pouvez entre chaque épreuve observer une pause. Vous devez après les épreuves 1 et 2 vérifier vos résultats. Les épreuves 3 et 4 sont des épreuves de « rattrapage ».

Exemples

a. Lisez attentivement (une fois) chaque série de chiffres et recopiez-la de mémoire.

9....8....4
7....6....1....5
3....1....2....7....4

b. Lisez attentivement (une fois) chaque série de chiffres et recopiez-la de mémoire dans l'ordre inverse.

6....3....1
7....5....4....6
2....5....3....7....1

STOP : LE TEST COMMENCE ICI.
AVEZ-VOUS BIEN LU LES INSTRUCTIONS
PRECEDENTES.

Epreuve I

Lisez attentivement (une seule fois) chaque série de chiffres et recopiez-la de mémoire.

3....6....4
1....2....5....3
5....1....4....9....7
5....3....1....2....8....7
4....1....7....6....3....1....7
5....7....3....1....8....6....9....4
7....1....3....2....6....8....5....4....9

Epreuve II

Lisez attentivement (une seule fois) chaque série de chiffres et recopiez-la de mémoire dans l'ordre inverse.

6....3....1
1....4....5....3
7....4....2....5....1
3....7....6....8....2....5
5....7....8....3....4....2....1
2....4....8....9....7....3....5....1
9....2....6....8....3....7....4....1....5

VERIFIEZ VOS RESULTATS

Vérifiez vos résultats dans ces deux épreuves. Notez le nombre de chiffres que vous avez été capable de reconstituer dans l'ordre et dans le désordre. Et essayez de faire mieux dans les deux épreuves suivantes.

Epreuve III

Lisez attentivement (une seule fois) chaque série de chiffres et recopiez-la de mémoire.

3....6....5
1....7....4....2
5....8....9....7....1
4....1....3....9....7....6
2....7....9....4....6....3....5
9....8....3....1....5....2....7....4
7....4....8....5....3....9....6....2....1

Epreuve IV

Lisez attentivement (une fois et une seule) chaque série de chiffres et recopiez-la de mémoire dans l'ordre inverse.

3....1....5
6....2....7....4
5....4....3....7....9
1....6....7....8....4....5
7....8....3....2....5....1....4
8....1....3....7....4....5....2....6
2....9....5....6....1....4....3....8....7

VERIFIEZ VOS RESULTATS

Vérifiez vos listes et notez le nombre de chiffres que vous avez été capable de reconstituer de mémoire dans l'ordre et le désordre. Comparez vos résultats dans ces deux dernières épreuves à vos résultats précédents et ne retenez que votre meilleur score.

Comment interpréter vos résultats ?

Un adulte incapable de répéter une série de cinq chiffres dans l'ordre direct et/ou de trois chiffres dans l'ordre inverse est, neuf fois sur dix, considéré comme un débile mental.

Voici donc votre minimum.

Vous vous situez dans une bonne moyenne si vous êtes capable de retrouver entre 6 et 8 chiffres dans l'ordre direct, et 4 et 6 chiffres dans l'ordre inverse.

Vous êtes en revanche extrêmement bien doué ou particulièrement bien entraîné, si vous avez été capable de reconstituer de mémoire 9 chiffres dans l'ordre direct et 7 à 9 chiffres dans l'ordre inverse.

Nota bene

La procédure habituelle de ce test comporte normalement un opérateur (le « testeur ») et un sujet (le « testé »). L'opérateur énonce chaque série à raison d'un chiffre par seconde. Le sujet doit répéter de mémoire chaque série. Les séries sont en principe graduées de 3 à 9 chiffres.

Si le sujet commet une erreur dans une série donnée, l'opérateur énonce une série « de rattrapage » qui comporte le même nombre de chiffres que la série précédente. Si le sujet est capable de répéter cette série, l'épreuve continue avec l'énoncé de la série suivante, sinon elle est terminée.

Après une pause, on passe à l'épreuve suivante où il s'agit de répéter chaque série de chiffres dans l'ordre inverse, en commençant par le dernier énoncé.

Vous pouvez donc éventuellement demander à un proche de vous faire passer ce test. Il n'en serait que plus probant.

Ce test n'est cependant pas très significatif, on l'a vu, de la mémoire en tant que telle. Les tests destinés à évaluer celle-ci sont plus élaborés. En voici un qui vous permettra de savoir si vous avez bonne mémoire.

Testez votre mémoire

Le test suivant est conçu pour évaluer la mémoire d'une manière globale, d'en apprécier toutes les fonctions (saisie, conservation, rappel, reconnaissance). Il est constitué par une série de sept épreuves. Vous devez suivre les instructions à la lettre et ne vérifier vos résultats qu'une fois toutes les épreuves terminées.

Munissez-vous d'un crayon et d'une gomme et observez attentivement la planche page de droite ; notez bien (dans votre « mémoire ») les noms inscrits sous chaque dessin. Prenez votre temps pour les mémoriser et tournez la page.

Nota bene

Chaque épreuve n'est pas limitée dans le temps. Mais si vous n'avez pas trouvé au bout de deux minutes, vous pouvez passer à l'épreuve suivante.

Epreuve I

Voici à nouveau la planche précédente. Vous devez retrouver les noms correspondants et les inscrire sous chaque dessin.

Epreuve II

Les dessins précédents sont sur la planche ci-contre extrêmement stylisés. Vous devez retrouver les noms correspondants et les inscrire sous chaque dessin.

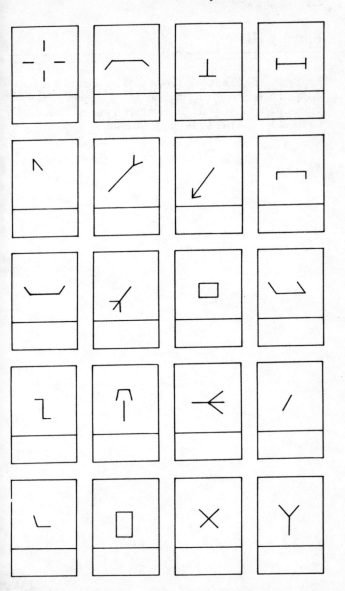

Epreuve III

Les dessins de la page de droite sont les mêmes que ceux de la planche précédente mais ils ont été disposés dans un ordre différent. Vous devez retrouver les noms correspondants et les inscrire sous chaque dessin.

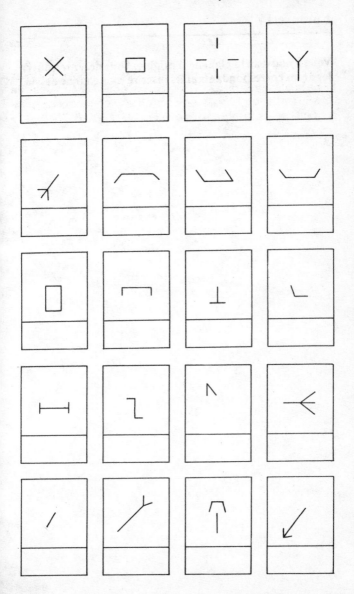

Epreuve IV

Voici à nouveau la planche d'origine. Vous devez retrouver les noms correspondants et les inscrire sous chaque dessin.

Epreuve V

Les cases ci-contre sont vides. Vous devez retrouver de mémoire un maximum de dessins et inscrire les noms correspondants. L'ordre n'a pas d'importance. Notez les choses comme elles vous viennent à l'esprit.

Epreuve VI

Fermez ce livre ou passez à un autre chapitre. Occupez-vous à autre chose pendant une vingtaine de minutes. Puis prenez un papier et notez tous les noms de dessins que vous pouvez retrouver en deux minutes.

Epreuve VII

Voici une liste de quarante mots. Vous devez souligner de mémoire les vingt mots correspondant aux dessins des planches précédentes :

Crabe	Soleil	Boîte	Fauteuil	Maison
Arbre	Crayon	Voiture	Chat	Cravate
Poire	Avion	Fleur	Radio	Cendrier
Table	Parapluie	Bateau	Oiseau	Cigare
Télévision	Œuf	Lunettes	Couteau	Cheminée
Vélo	Lampe	Trombone	Chaussure	Clef
Poisson	Pomme	Téléphone	Chaise	Carotte
Livre	Ciseaux	Cheval	Echelle	Poireau

Votre score

Vérifiez vos résultats et notez (sur 20) pour chaque épreuve le nombre de réponses (mots) justes. Les réponses sont justes si les mots retrouvés sont exacts et/ou correspondent aux dessins dans l'ordre demandé.

Comment interpréter vos résultats ?

L'exercice de la mémoire est toujours très lié à d'autres fonctions de l'intelligence : le sens de l'observation, l'imagination, le langage, pour ne citer que celles-là. Mais la mémoire est aussi dépendante des milieux culturels, des habitudes, de l'ensemble de la personnalité. L'évaluation de ses réelles capacités est donc très délicate à réaliser. Vous devez interpréter vos performances avec une certaine prudence, en tenant compte aussi bien de votre âge que de votre forme et de vos motivations au moment où vous avez passé ce test. Car si les performances diminuent avec l'âge, elles sont aussi moins bonnes en cas de problème psychologique ou affectif, pendant les périodes d'instabilité.

• **Epreuve I**
Cette épreuve permet d'apprécier les facultés de la mémoire immédiate, les capacités de rappel. La moyenne de bonnes réponses (souvenirs exacts) est de l'ordre de 8-9 sur 20.

• **Epreuve II**
Elle permet d'évaluer les facultés de reconnaissance, les capacités de la mémoire spatiale, la moyenne des performances est en général de l'ordre de 7-8 réponses exactes sur 20.

• **Epreuve III**
Elle permet d'apprécier les facultés de la mémoire brute indépendamment de la mémoire spatiale. La moyenne des performances est d'habitude plus faible qu'à l'épreuve précédente (de l'ordre de 6-7 sur 20).

• **Epreuve IV**
Elle permet d'apprécier les facultés de rappel, d'évaluer les capacités de saisie. La moyenne des performances est normalement plus élevée que dans les deux dernières épreuves, du niveau de la 1re épreuve.

• Epreuve V

Elle permet d'évaluer les facultés d'évocation, d'apprécier la mémoire volontaire. Le niveau moyen des performances est généralement équivalent à celui de l'épreuve précédente.

• Epreuve VI

Elle prend en compte la mémoire différée, permet d'apprécier les capacités de conservation, les facultés de la mémoire évocation. Les performances moyennes sont d'habitude sensiblement du même niveau qu'à l'épreuve précédente.

• Epreuve VII

Elle concerne la mémoire récognition, permet d'évaluer les facultés de reconnaissance (identification). Le niveau de performance est normalement proche de 20.

Vous êtes dorénavant en mesure d'apprécier vos capacités mnémoniques, d'évaluer vos points forts et vos faiblesses dans les différentes activités mentales mises en jeu par la mémoire.

Méfiez-vous cependant, et des contre-performances et des exploits. Les uns et les autres donnent plus souvent la preuve que quelque chose cloche dans le test, dans sa passation, plutôt que dans votre tête.

LE FACTEUR PERCEPTION

Stricto sensu, la perception est la faculté de l'esprit à se représenter les objets. A l'égal de la mémoire, elle met en jeu plusieurs activités physiologiques et mentales.

Le facteur perception dont il est question dans ce chapitre est restreint au domaine visuel. C'est l'aptitude qui permet de retrouver une configuration donnée dans une configuration plus complexe.

Les tests qui permettent d'évaluer cette aptitude sont des épreuves de discrimination. Il s'agit toujours de reconnaître des figures, des formes identiques ou différentes. Nous vous en proposons deux.

Test I

Le test est constitué par une série de dix planches. Chaque planche présente deux configurations sensiblement identiques. Vous devez trouver le petit détail qui différencie la seconde de la première. Vous avez six minutes pour le faire, soit un peu moins de 50 secondes par planche. Vous n'avez donc pas le temps de vous attarder trop longtemps sur une planche. Si vous ne trouvez pas l'erreur dans un délai raisonnable, passez à la planche suivante.

Planche I

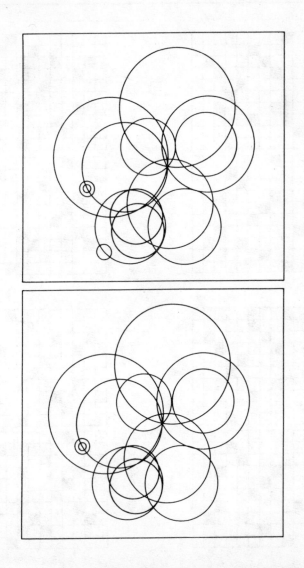

Planche II

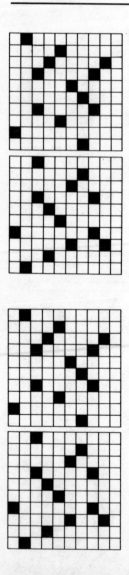

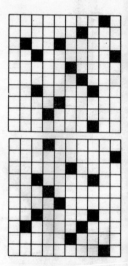

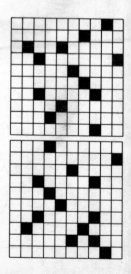

Planche III

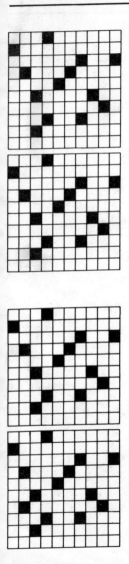

Planche IV

Planche V

Planche VI

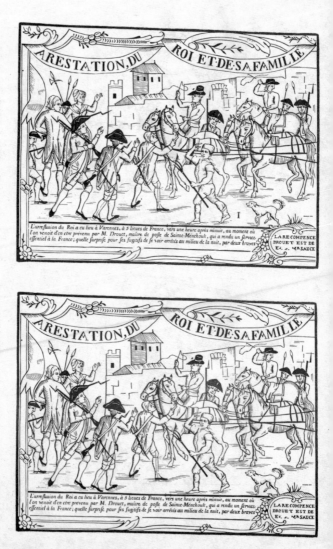

Planche VII

Planche VIII

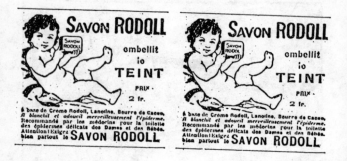

Planche IX

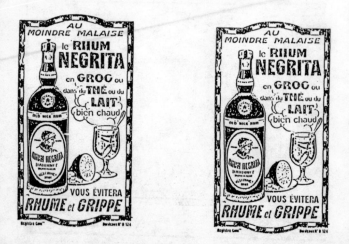

Planche X

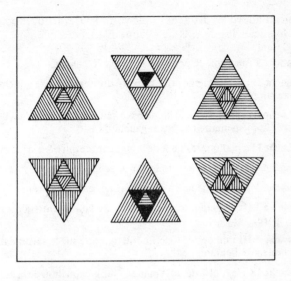

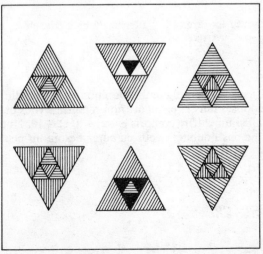

Votre score

Voici d'abord les dix détails que vous devriez trouver pour différencier les dessins de chaque planche.

Planche I : manque le petit cercle en bas à gauche.

Planche II : la quatrième grille en bas à droite comporte une case noire supplémentaire (en bas à droite).

Planche III : la troisième grille en bas à gauche comporte une case noire supplémentaire (en bas à gauche).

Planche IV : manque le pouce de la main droite qui tient la plume.

Planche V : manque une étoile sur le genou gauche.

Planche VI : manque le I à côté du chien en bas à droite.

Planche VII : la baïonnette du fusil du soldat au centre à droite a disparu.

Planche VIII : un des « l » de Rodoll manque sur le savon dans les mains de l'enfant.

Planche IX : la touffe de rafia manque sur le capuchon de la bouteille.

Planche X : les rayures à l'intérieur du petit triangle en bas à droite sont inversées.

Votre score est égal au nombre de réponses exactes diminué des réponses fausses et/ou des non-réponses. Vous obtiendrez ainsi un chiffre compris entre − 10 et +10. Notez-le pour ne pas l'oublier ; vous en aurez besoin un peu plus tard.

Test II

Ce test consiste en quatre épreuves de 25 questions. Chaque épreuve est constituée par une liste de couples identiques de chiffres ou de mots disposés sur deux colonnes que vous devez comparer. Il s'agit de pointer dans la liste les couples identiques ou les couples différents, le tout en quatre minutes.

Exemples* : questions

Epreuve 1 / Cochez les couples identiques :

a.	4335	4353
b.	345628	345628
c.	765098	765098
d.	95647,94	96547,94
e.	4356,435	4356,435
f.	768423	768423

Epreuve 2 / Cochez les couples différents :

a.	47689	47689
b.	54345654	54345456
c.	76587645	76587645
d.	453985764	543985764
e.	23981274653	2398124563
f.	345264	345264
g.	456391	465391

* Ces exemples sont extraits de *Réussir les tests d'entreprise* (MS 571) du même auteur aux mêmes éditions.

Epreuve 3 / Cochez les couples identiques :

a. Scott Fitzgerald   Scott Fitzgerald

b. Borowska et Cie   Borowska & Cie

c. Vitaliano Brancati   Vitaliona Brancati

d. Isherwood et Frères   Isherwood et Frères

e. Prodamco & Schulman   Prodramo & Schulmann

Epreuve 4 / Cochez les couples différents :

a. Schmütz & Talbot   Schmûtz & Talbot

b. Vitrac Design Product   Vitrac Design Product

c. Bque Veuve Morin Pons   Bque Veuve Morin-Pons

d. Omer Englebert SA   Omer Englebert SA

e. Mina du Flot Bleu   Mina du Flot Bleu

Exemples : réponses

Il fallait cocher les lignes suivantes :
— épreuve 1 : b, c, e, f
— épreuve 2 : b, e, g,
— épreuve 3 : a, d
— épreuve 4 : a, c

> **ATTENTION :** ICI COMMENCE REELLEMENT
> LE TEST.
> VOUS AVEZ 4 MIN ET PAS UNE SECONDE DE PLUS.

Epreuve I

Cochez les couples identiques :

1.	3478	3478
2.	63127	63127
3.	564789	564789
4.	2334589	2384589
5.	16781134	16781134
6.	1113411891178	1113411891178
7.	5777111823111978	5777111823111978
8.	134675115773449	134675115773449
9.	134656489987	13456489987
10.	683397	683397
11.	7214321	7214321
12.	5632147	5632147
13.	2673899	2673899
14.	2623989	2623989
15.	52146775	52146775
16.	88977898	88977898
17.	64325	64325
18.	76113	76113
19.	76224	76224
20.	89112532	89112532
21.	14183945	14183645
22.	13211729	13211729
23.	574319	574319
24.	28121821	28121821
25.	47388374	47388374

Epreuve II

Cochez les couples différents :

1.	362416	362416
2.	377344	377344
3.	9813269	9318269
4.	14273	14273
5.	63646569	63646569
6.	123456798	123456798
7.	324472573	324472573
8.	018899372573	018899372573
9.	20849	20849
10.	19881989	19881989
11.	6124578312	6124573812
12.	34273829	34273829
13.	73489315	73489315
14.	78119824	78119824
15.	3265142213	3295142213
16.	472483912	472483192
17.	172834	172834
18.	963451	963451
19.	38245516	38245516
20.	172137	172137
21.	18324625	18324625
22.	11261315	11261315
23.	101010110001111	101010110001111
24.	0110110101101	0110110101101
25.	1101101010	1101101010

Epreuve III

Cochez les couples identiques :

1. Bousquet-d'Orb · Bousquet-d'Orb
2. Le Nain de Tillemont · Le Nain de Tillemont
3. James Fergusson · James Fergusson
4. Marbach Am Neckar · Marbach Am Neckar
5. Kwame Nkruma · Kwame Nkruma
6. Pieter de Coecke · Péiter de Coecke
7. Jappeloup de Lure · Jappeloup de Lure
8. Garges-les-Gonesse · Garges-les-Gonesses
9. Châteauroux · Châteauroux
10. Praxitèle · Praxitèle
11. Demaria · Demaria
12. Guillaume le Circoncis · Guillaume le Circoncis
13. Johan Kaspar Lavater · Johan Kaspar Lavater
14. Liechtenstein · Liechtenstein
15. Braine-l'Alleud · Braine-l'Alleud
16. Domodossola · Domodossola
17. Schaffhouse · Schafhouse
18. Neubrandenburg · Neubradenburg
19. Philippe l'Arabe · Philippe l'Arabe
20. Georg Schweinfurth · Georg Schweinfurth
21. Louis Hjelmslev · Louis Hjelmslev
22. Söderhamn · Söderhamm
23. Maciejowice · Maciejowice
24. Alexis Ovtchinnikov · Alexis Ovtchinnikov
25. Othon Ier le Grand · Othon Ier le Grand

Epreuve IV

Cochez les couples différents :

1. Otfried de Wissem-bourg — Otfried de Wissem-bourg
2. Mondino dei Liucci — Mondino dei Liucci
3. Saint-Pierre d'Alcantara — Saint-Pierre d'Alcantara
4. Ludwig van Beethoven — Ludwig wan Beethoven
5. Maracaibo — Maracaïbo
6. Vittore Carpacio — Vittore Carpacio
7. Victoria de Gozzo — Victoria de Gozzo
8. Iles des Trois Rois — Iles des Trois Rois
9. Mönchengladbach — Mönchengladbach
10. Mountbatten of Burma — Mounbatten of Burma
11. Wolfgang Amadeus Mozart — Wolfgang Amadeus Mozart
12. Kyle of Lochalsh — Kyle of Lochalsh
13. Monts Cantabriques — Monts Cantabriques
14. Knob Lake — Knob Lake
15. E. Schwartzkopf — E. Schwartzkopf
16. Katwijk aan Zee — Katwijk aan Zee
17. Lagune de Comacchio — Lagune de Comacchio
18. Gabriel de Zéboulon — Gabriel de Zéboulon
19. Sérignan du Comtat — Serignan du Contat
20. Dorotha Feldmann — Dorotha Feldmann
21. Josquin des Près — Josquin des Près
22. Mithridate Eupator — Mithridate Eupator
23. Héron l'Ancien — Héron l'Ancien
24. Fergus le Jeune — Fergus le Jeune
25. George Sand — Georges Sand

Votre score

Vous auriez dû normalement...

Epreuve I : cocher tous les couples sauf le 4, le 9 et le 21.
Epreuve II : cocher les couples numéro 3, 11, 15 et 16.
Epreuve III : cocher tous les couples sauf le 6, le 8, le 17, le 18 et le 22.
Epreuve IV : cocher les couples 4, 5, 10, 19 et 25.

Ici encore, votre score est égal au nombre de réponses justes diminué des réponses fausses et des non-réponses (inscrivez chaque nombre séparément).

Divisez par 10 et vous obtenez à nouveau un chiffre compris entre -10 et $+10$.

Comment interpréter vos résultats ?

Vous aurez une assez bonne évaluation de votre niveau de performance en faisant la moyenne des scores que vous avez obtenus aux deux tests précédents, et leur différence, et la différence entre le nombre de vos réponses fausses et de vos non-réponses.

Inscrivez vos différents résultats dans la grille ci-dessous pour avoir une meilleure vue d'ensemble.

	Réponses exactes	*Réponses fausses*	*Non-réponses*	
Epreuve 1				
Epreuve 2				
Epreuve 3				
Epreuve 4				
Test 1 (total épreuves)				**SCORE* 1**
Test 2				**SCORE** 2**
				MOYENNE***

  * Nb réponses exactes − nb réponses fausses − nb non-réponses divisé par 10.
 ** Nb réponses exactes − nb réponses fausses − nb non-réponses.
*** Score 1 + score 2 divisé par 2.

• **Votre moyenne générale est égale ou inférieure à −2.**
C'est assez improbable, une contre-performance, un grand coup de fatigue : le signe d'un état de confusion mentale sans doute passager, d'un manque plus ou moins grand de discrimination.

• **Votre moyenne générale se situe entre −1 et +2.**
C'est assez normal. Vous avez une bonne vitesse perceptive ; vous ne manquez pas de discernement.

• **Votre moyenne générale se situe entre +3 et +6.**
C'est excellent. Vous êtes attentif, rapide, précis ; vous appréhendez les choses d'une manière claire. Discernant le vrai du faux, vous avez un assez bon jugement ; vous êtes sensible aux nuances.

• **Votre moyenne est égale ou supérieure à +7.**
C'est rare, et plutôt invraisemblable. Vous avez dû vous tromper dans vos comptes quelque part ; la procédure du test n'a peut-être pas été strictement respectée. C'est en tout cas plus probable qu'un tel niveau de performance.

• **Votre score est plus élevé dans le test 1.**
Vous avez une meilleure perception des formes que des rapports, une approche plus globale, plus synthétique, le sens de l'observation.

• **Votre score est plus élevé dans le test 2.**
Vous avez une meilleure perception des rapports que des formes, des éléments que des ensembles, un esprit plus analytique, un certain talent pour les comparaisons.

• **Vos réponses fausses sont plus nombreuses que vos non-réponses.**
C'est un manque de précision qui est dû à une défaillance de l'attention si vous avez commis plus d'erreurs dans les dernières épreuves que dans les premières, soit à une difficulté de concentration si vos erreurs sont également réparties dans toutes les épreuves.

- **Vos non-réponses sont plus nombreuses que vos réponses fausses.**

C'est un manque de rapidité qui est dû soit à des difficultés
de représentation si vos non-réponses sont également
réparties dans chaque épreuve, soit à une défaillance de la
perception si vous avez accumulé les non-réponses en fin
de test.

LE FACTEUR VERBAL

L'homme est un être parlant et il n'y a pas d'intelligence sans langage.

Le facteur V de Thurstone se réfère à une aptitude essentielle : la compréhension verbale. Cette aptitude, qui joue un rôle capital dans la réussite scolaire, occupe parmi les autres une place particulière.

Toutes les aptitudes que nous décrivons sont essentielles à l'intelligence mais la compréhension verbale l'est encore plus. Sans elle, ni l'une ni les autres ne peuvent s'appréhender, s'énoncer, encore moins s'évaluer.

C'est là la réelle importance du facteur verbal qui est au cœur de toutes les activités d'expression et de communication.

Les tests employés pour évaluer les facultés de compréhension sont très nombreux. Le problème de ce type de test, c'est d'éviter :

— les références subjectives ; auquel cas, ce n'est plus un test d'intelligence mais un test de personnalité. Demander,

par exemple, dans un test si la proposition « en cas de péril, chacun pour soi » a plus ou moins la même signification que « nécessité fait loi » relève moins du bon sens (d'un sens commun) que d'un jugement de valeur ;
— les références particulières car il ne s'agit plus alors d'un test d'intelligence mais d'un test de connaissance. C'est par exemple le cas de certains tests de vocabulaire qui font appel à des notions techniques qui ne peuvent être acquises que dans le cadre d'une spécialisation.

Ceux que nous vous proposons, tests de vocabulaire, de synonyme, d'antonyme, de compréhension ou d'analogie restent dans les limites du langage courant et du « bon sens ».

Testez vos capacités de compréhension

Ce test est composé de 60 problèmes construits sur le modèle des 5 exemples suivants. Vous devez à chaque fois indiquer laquelle des réponses proposées est la bonne. Vous n'avez, bien entendu, pas le droit de vous aider d'un dictionnaire, ou de tout autre élément qui pourrait en tenir lieu. La durée du test n'est pas limitée.

Exemples : problèmes

1. **Qu'est-ce qu'un abécédaire ?**

   a. un moine solitaire
   b. un livre pour apprendre l'alphabet
   c. un pupitre de musicien
   d. l'abattant d'un secrétaire

2. **Quel est le synonyme d'acclimater ?**

   accoutrer, déserter, accoutumer, accréditer, déclasser, dégager

3. **Quel est le mot en trop ?**

   fourni, garni, charnu, aplati, rempli, touffu

4. **Quel est l'antonyme (contraire) d'exotique ?**

   éclectique, indigène, érotique, endogène, emphatique, homogène

5. **Les rues sont à la ville ce que les routes sont à la...**

   campagne, carte, voiture, autoroute

Exemples : solutions

1. Un abécédaire est un livre pour apprendre l'alphabet.
2. Le synonyme d'acclimater est « accoutumer ».
3. Le mot en trop est « aplati » qui n'exprime pas l'idée d'abondance.
4. L'antonyme d'exotique est « indigène ».
5. Les rues sont à la ville ce que les routes sont à la « campagne ».

STOP : LE TEST COMMENCE ICI.
AVEZ-VOUS BIEN ETUDIE LES EXEMPLES
PRECEDENTS ?

---

1. **Qu'est-ce qu'un « adage » ?**

   a. un morceau de musique
   b. un homme sans âge
   c. une maxime populaire
   d. un agenda de poche

2. **Quel est le synonyme de « fertile » ?**

   futile, fécond, fébrile, festif, feuillu, facile

3. **Quel est le mot en trop ?**

   abolir, adoucir, affaiblir, amortir, assouplir, attiédir

4. **Quel est l'antonyme de « implicite » ?**

   illicite, fortuit, explicite, gratuit, tacite, induit

5. **La télévision est à l'image ce que la radio est...**

   à la musique, au son, à la parole, au bruit

6. **Qu'est-ce qu'un « édifice » ?**

   a. un magistrat municipal
   b. un bâtiment
   c. un ouvrage édifiant
   d. une société éditrice

7. **Quel est le synonyme de « sciemment » ?**

   savamment, sérieusement, différemment, volontairement, incidemment, sensément

8. **Quel est le mot en trop ?**

   feinte, ficelle, filon, finasserie, fourberie, fraude

9. **Quel est l'antonyme de « banal » ?**

   crucial, génial, normal, original, trivial, spécial

10. **Le feu est à la cheminée ce que le poisson est...**

    à la friture, à l'aquarium, au poissonnier, à la rivière

11. **Qu'est-ce qu'un « chahut » ?**

    a. un établissement scolaire
    b. un filet de pêche
    c. une manifestation bruyante
    d. un rapace nocturne

12. **Quel est le synonyme de « éthique » ?**

    moral, squelettique, racial, alcoolique, éthéré, ascétique

13. **Quel est le mot en trop ?**

    abricot, cerise, pêche, orange, avocat, nèfle

14. **Quel est l'antonyme de « sceptique » ?**

    contagieux, crédule, litigieux, unique, infectieux, infidèle

15. Le temps est au chronomètre ce que la pression est...

au thermomètre, à l'altimètre, au baromètre, à l'hygro-
mètre, au podomètre, à l'anémomètre

16. Qu'est-ce qu'un « barème » ?

    a. un rite orthodoxe
    b. un navire romain
    c. un baril de crème
    d. une échelle numérique

17. Quel est le synonyme de « régresser » ?

repousser, dégraisser, dégorger, reculer, maigrir,
déplorer

18. Quel est le mot en trop ?

pâteux, poisseux, visqueux, gracieux, sirupeux, dou-
cereux

19. Quel est l'antonyme de « spécieux » ?

spacieux, spécial, sérieux, spatial, sériel, spiral

20. L'Ingres est au violon ce que l'Inde est au...

baron, clairon, giron, marron, mouron, vairon

21. Qu'est-ce qu'une « sinécure » ?

    a. une chaîne de chinois
    b. un traitement de la sinusite
    c. une station pour cinéphile
    d. une situation de tout repos

22. Quel est le synonyme de « éculé » ?

piégé, pillé, usé, récuré, édenté, érasé

23. Quel est le mot en trop ?

pierre, huile, éponge, dés, ancre, diamant

24. Quel est l'antonyme de « monologue » ?

analogue, apologue, dialogue, épilogue, homologue, prologue

25. Le mot est à la phrase ce que la lettre est...

à l'esprit, au mot, à l'écrit, au nom, à l'alphabet, au chiffre

26. Qu'est-ce qu'un « poncif » ?

a. un lieu commun
b. une machine à polir
c. une pierre abrasive
d. un ponceur de parquet

27. Quel est le synonyme de « prodigue » ?

considérable, étonnant, extraordinaire, généreux, merveilleux, surprenant

28. Quel est le mot en trop ?

chanvre, coton, jute, lin, raphia, soie

29. Quel est l'antonyme de « volubile » ?

apathique, indécis, inerte, pusillanime, silencieux, velléitaire

30. L'ivoire est à l'éléphant ce que l'écaille est...

à la lunette, à la tortue, au poisson, au serpent

31. Qu'est-ce qu'une « collation » ?

a. les membres d'une même famille
b. un repas léger
c. une collection de médaille
d. un pouvoir collégial

32. Quel est le synonyme de « orthodoxe » ?

contraire, contradictoire, conforme, contestable, contingent, convenable

33. Quel est le mot en trop ?

crabe, crevette, écrevisse, homard, langouste, langoustine

34. Quel est l'antonyme de « guère » ?

rarement, beaucoup, peu, médiocrement, jamais, brièvement

35. Le sucré est au salé ce que le sec est...

au chaud, au froid, à l'humide, à l'amer, au doux, au dur

36. Qu'est-ce qu'un « séminaire » ?

  a. un sac de spermatozoïdes
  b. une revue semestrielle
  c. une réunion de travail
  d. un bracelet à sept anneaux

37. Quel est le synonyme de « vérification » ?

reconstruction, réfection, rénovation, réparation, restauration, révision

38. Quel est le mot en trop ?

parabole, parachute, parados, parapluie, parasol, paravent

39. Quel est l'antonyme de « nuancé » ?

coloré, contrasté, varié, moiré, panaché, mélangé

40. Le veau est à la vache ce que le poulet est...

à la poulette, au chapon, à la poule, au coquelet, à la poularde, au coq

41. Qu'est-ce qu'un « médiateur » ?

    a. un professionnel des médias
    b. un plan médian
    c. une personne de conciliation
    d. une personnalité médiatique

42. Quel est le synonyme de « incompréhensible » ?

indicible, ineffable, inénarrable, inexplicable, inexprimable, irracontable

43. Quel est le mot en trop ?

compétence, contenance, cubage, cylindrée, tonnage, volume

44. Quel est l'antonyme de « inné » ?

instinctif, atavique, acquis, naturel, héréditaire, natif

45. Le silence est à l'or ce que la parole est...

au plomb, à l'étain, au bronze, à l'argent, au platine, à l'acier

46. Qu'est-ce qu'un « stéréotype » ?

    a. un texte en abrégé
    b. une opinion toute faite
    c. une carte en relief
    d. un enregistrement en stéréo

47. Quel est le synonyme de « ostensible » ?

incertain, audacieux, charpenté, apparent, rigoureux, véridique

48. Quel est le mot en trop ?

parterre, parvis, pâturage, plate-bande, prairie, pré

49. Quel est l'antonyme de « sectaire » ?

public, libéral, partisan, laïque, nomade, régulier

50. Le microscope est à l'infiniment petit ce que le télescope est à l'infiniment...

grand, loin, haut, près, plus, bas

51. Qu'est-ce que l'« anorexie » ?

a. une exception à la règle
b. une diminution de l'odorat
c. une absence d'orgasme
d. une perte de l'appétit

52. Quel est le synonyme de « imminent » ?

fatal, inéluctable, inévitable, infaillible, nécessaire, proche

53. Quel est le mot en trop ?

contrebasse, guitare, harpe, mandoline, saxophone, violon

54. Quel est l'antonyme de « émettre » ?

démettre, rassembler, omettre, recevoir, remettre, déchoir

55. Le carré est à la surface ce que le cube est...

au poids, au volume, à la profondeur, à la puissance, à la racine, à la pression

56. Qu'est-ce qu'un « corollaire » ?

a. la couronne solaire
b. une conséquence directe
c. l'artère du cœur
d. l'ensemble des pétales d'une fleur

57. Quel est le synonyme d'« homogène » ?

composite, équivoque, hétéroclite, inverti, régulier, symétrique

58. Quel est le mot en trop ?

belote, bridge, canasta, dame, poker, tarot

59. Quel est l'antonyme de « rudimentaire » ?

élémentaire, raffiné, développé, moelleux, rassurant, pâle

60. Le fond est à la forme ce que l'esprit est à...

la chair, l'idée, la lettre, la surface, la profondeur, l'imagination

Votre score

Chaque bonne réponse vaut un point mais vous devez faire deux comptes différents : un pour les questions précédées d'un numéro pair, l'autre pour les questions précédées d'un numéro impair. Votre score est égal à la moyenne de ces deux comptes ; il est bien sûr situé entre 0 et 30.

Comparez vos réponses avec la liste suivante :

1. Un « adage » est une maxime populaire.
2. Le synonyme de « fertile » est « fécond ».
3. Le mot en trop est « abolir » qui n'exprime pas une idée de modération.
4. L'antonyme de « implicite » est « explicite ».
5. La télévision est à l'image ce que la radio est... au son.
6. Un « édifice » est un bâtiment.
7. Le synonyme de « sciemment » est « volontairement ».
8. Le mot en trop est « filon » qui n'exprime pas une idée de stratagème.
9. L'antonyme de « banal » est « original ».
10. Le feu est à la cheminée ce que le poisson est... à l'aquarium.
11. Un « chahut » est une manifestation bruyante.
12. Le synonyme de « éthique » est « moral ».
13. L'orange n'est pas un fruit à noyau.
14. L'antonyme de « sceptique » est « crédule ».
15. Le temps est au chronomètre ce que la pression est... au baromètre.
16. Un « barème » est une échelle numérique.
17. Le synonyme de « régresser » est « reculer ».
18. Le mot en trop est « gracieux » qui ne donne une impression de gluant.
19. L'antonyme de « spécieux » est « sérieux ».
20. L'Ingres est au violon ce que l'Inde est... au marron.
21. Une « sinécure » est une situation de tout repos.
22. Le synonyme de « éculé » est « usé ».
23. Tous les mots sauf « diamant » entrent dans des expressions construites avec le verbe « jeter » : jeter la pierre, l'éponge, l'ancre, etc.
24. L'antonyme de « monologue » est « dialogue ».
25. Le mot est à la phrase ce que la lettre est... au mot.

26. Un « poncif » est un lieu commun.
27. Le synonyme de « prodigue » est « généreux ».
28. La soie est dans la série la seule fibre d'origine animale.
29. L'antonyme de « volubile » est « silencieux ».
30. L'ivoire est à l'éléphant ce que l'écaille est... à la tortue.
31. Une « collation » est un repas léger.
32. Le synonyme de « orthodoxe » est « conforme ».
33. L'écrevisse est dans cette série le seul crustacé d'eau douce.
34. L'antonyme de « guère » est « beaucoup ».
35. Le sucré est au salé ce que le sec est... à l'humide.
36. Un « séminaire » est une réunion de travail.
37. Le synonyme de « vérification » est « révision ».
38. La « parabole » est le seul mot de la série à ne pas évoquer une idée de protection.
39. L'antonyme de « nuancé » est « contrasté ».
40. Le veau est à la vache ce que le poulet est... à la poule.
41. Un « médiateur » est une personne de conciliation.
42. Le synonyme d'« incompréhensible » est « inexplicable ».
43. La compétence est le seul mot dans cette série à impliquer une capacité subjective, une qualité.
44. L'antonyme de « inné » est « acquis ».
45. Le silence est à l'or ce que la parole est... à l'argent.
46. Un « stéréotype » est une opinion toute faite.
47. Le synonyme d'« ostensible » est « apparent ».
48. Le parvis est le seul mot de cette série à ne pas impliquer une surface de verdure.
49. L'antonyme de « sectaire » est « libéral ».
50. Le microscope est à l'infiniment petit ce que le télescope est à l'infiniment... loin.
51. L'« anorexie » est une perte de l'appétit.
52. Le synonyme de « imminent » est « proche ».
53. Tous les instruments de cette série, sauf le saxophone, sont des instruments à cordes.
54. L'antonyme de « émettre » est « recevoir ».
55. Le carré est à la surface ce que le cube est... au volume.
56. Un « corollaire » est une conséquence directe.
57. Le synonyme d'« homogène » est « régulier ».
58. Le mot en trop est « dame » dans une série de jeux de cartes.
59. L'antonyme de « rudimentaire » est « développé ».
60. Le fond est à la forme ce que l'esprit est à... la lettre.

Comment interpréter vos résultats ?

Vous avez fait la moyenne entre les résultats que vous avez obtenus aux questions paires et impaires. Votre score se situe entre 0 et 30.

• Si vous avez obtenu moins de 12 points
Vos capacités de compréhension sont assez faibles ; vous manquez trop de vocabulaire. Vous avez une connaissance des choses plus intuitive que rationnelle. Et cela peut parfois vous gêner dans votre vie professionnelle et sociale. Vous manquez souvent de mots pour le dire, pour exprimer clairement vos idées, vos projets. Et vous faites souvent aussi de fausses interprétations.

• Entre 13 et 22 points
Vous êtes dans la moyenne, la bonne moyenne au-dessus de 17 points, la mauvaise en dessous.

Vous avez un bon niveau de connaissance et des facilités pour vous exprimer ou vous faire comprendre.

Mais votre intelligence est souvent plus pratique que conceptuelle. Vous n'employez pas toujours les mots dans le bon sens, d'une manière objective.

• Vous avez obtenu plus de 22 points
Vous avez d'excellentes capacités de compréhension et un très bon niveau de connaissance.

Vous n'avez pas de difficulté pour bien assimiler les choses, en comprendre le sens, les raisons. Vous avez une certaine aisance pour exprimer et communiquer vos idées.

Vous devez maintenant avoir une idée assez juste de vos facultés de compréhension. Mais il vous reste à mesurer votre niveau de vocabulaire pour apprécier l'intégralité de vos capacités verbales.

LE FACTEUR LEXICAL

Le facteur lexical est, avec le facteur verbal, essentiel à l'intelligence dans la mesure où celle-ci se tient, et opère, dans les structures du langage.

Le facteur V de Thurstone se référait (voir chapitre précédent) à la compréhension verbale, à une aptitude à la production de sens.

Le facteur W (world) de Thurstone (fluidité verbale) concerne en revanche la capacité de nomination. C'est l'aptitude à produire des mots, rapidement, avec une contrainte mécanique concernant le nombre ou la place des lettres, le préfixe ou la rime.

Testez votre fluidité verbale

Le test suivant est conçu sur les modèles du genre pour vous permettre d'évaluer votre niveau de vocabulaire. Il se compose de quarante problèmes que vous devez résoudre dans un temps limité à 30 min., soit moins d'une minute par problème. Mais en voici d'abord quelques exemples.

Exemples : problèmes

1. Donner 12 mots de 3 lettres :

1)	2)	3)
4)	5)	6)
7)	8)	9)
10)	11)	12)

2. Trouver 12 mots commençant par ABA :

1) Aba.......	2) Aba.......	3) Aba.......
4) Aba.......	5) Aba.......	6) Aba.......
7) Aba.......	8) Aba.......	9) Aba.......
10) Aba.......	11) Aba.......	12) Aba.......

3. Trouver 12 mots finissant par OQUE :

1) ......oque	2) ......oque	3) ......oque
4) ......oque	5) ......oque	6) ......oque
7) ......oque	8) ......oque	9) ......oque
10) ......oque	11) ......oque	12) ......oque

4. Trouver 12 mots commençant et finissant par la lettre A :

    1) A.......a   2) A.......a   3) A.......a
    4) A.......a   5) A.......a   6) A.......a
    7) A.......a   8) A.......a   9) A.......a
   10) A.......a   11) A.......a 12) A.......a

Exemples réponses

1. Vous aviez le choix parmi plus de quatre cents mots dont pour les plus courants : *ara, boa, bas, arc, car, cas, sac, âge, aie, âme, ane, are, eau, ave, axe, fan, gag, ail, ami, mai, air, mal, pal, val, sas, par, pas, ras, art, pur, sot, pot, sou, glu, vif, nez, zoo, use, rue, fin, foi, mes,* etc.

2. De « abaca » à « abat-voix », vous aviez le choix parmi plus d'une trentaine de mots dont : *abaisser, abandon, abandonner, abasourdir, abat, abat-jour, abattant, abattage, abatteur, abattoir, abattre, abattu,* etc.

3. Vous aviez le choix parmi plus d'une quarantaine de noms communs. Les plus courants : *bloque, débloque, bicoque, coque, choque, croque, loufoque, défroque, suffoque, breloque, cloque, colloque, disloque, loque, pendeloque, ventriloque, soliloque, moque, époque, phoque, réciproque, baroque, toque, troque, équivoque,* etc.

4. Vous aviez le choix parmi une quinzaine de mots : *abracadabra, arnica, aléa, agenda, armada, alfa, alpaga, acacia, alléluia, aria, ana, ara, alpha, agora, angora.*

STOP : ICI COMMENCE REELLEMENT LE TEST.
AVEZ-VOUS BIEN LU LES INSTRUCTIONS
PRECEDENTES ?

Si c'est le cas, vous pouvez commencer. Vous avez 30 minutes et pas une de plus. Vous n'avez évidemment pas le droit de vous servir d'un dictionnaire ou de tout ce qui pourrait en faire usage. Vous pouvez éventuellement utiliser les noms propres, les verbes conjugués, les pluriels ou les mots composés.

1. Trouver 12 mots de 4 lettres :

1)	2)	3)
4)	5)	6)
7)	8)	9)
10)	11)	12)

2. Trouver 12 mots commençant par PRO :

1) Pro.......	2) Pro.......	3) Pro.......
4) Pro.......	5) Pro.......	6) Pro.......
7) Pro.......	8) Pro.......	9) Pro.......
10) Pro.......	11) Pro.......	12) Pro.......

3. Trouver 12 mots finissant par ULE :

1) ......ule	2) ......ule	3) ......ule
4) ......ule	5) ......ule	6) ......ule
7) ......ule	8) ......ule	9) ......ule
10) ......ule	11) ......ule	12) ......ule

4. Trouver 12 mots commençant et finissant par la lettre E :

1) E.......e	2) E.......e	3) E.......e
4) E.......e	5) E.......e	6) E.......e
7) E.......e	8) E.......e	9) E.......e
10) E.......e	11) E.......e	12) E.......e

5. Trouver 12 mots de 5 lettres :

1)	2)	3)
4)	5)	6)
7)	8)	9)
10)	11)	12)

6. Trouver 12 mots commençant par EX :

1) Ex......	2) Ex......	3) Ex......
4) Ex......	5) Ex......	6) Ex......
7) Ex......	8) Ex......	9) Ex......
10) Ex......	11) Ex......	12) Ex......

7. Trouver 12 mots finissant par TABLE :

1) ......table	2) ......table	3) ......table
4) ......table	5) ......table	6) ......table
7) ......table	8) ......table	9) ......table
10) ......table	11) ......table	12) ......table

8. Trouver 12 mots commençant et finissant par la lettre I :

1) I......i	2) I......i	3) I......i
4) I......i	5) I......i	6) I......i
7) I......i	8) I......i	9) I......i
10) I......i	11) I......i	12) I......i

9. Trouver 12 mots de 6 lettres :

1)	2)	3)
4)	5)	6)
7)	8)	9)
10)	11)	12)

10. Trouver 12 mots commençant par IM :

1) Im......	2) Im......	3) Im......
4) Im......	5) Im......	6) Im......
7) Im......	8) Im......	9) Im......
10) Im......	11) Im......	12) Im......

11. Trouver 12 mots finissant par ARD :

1) ......ard	2) ......ard	3) ......ard
4) ......ard	5) ......ard	6) ......ard
7) ......ard	8) ......ard	9) ......ard
10) ......ard	11) ......ard	12) ......ard

12. Trouver 12 mots commençant et finissant par la lettre C :

 1) C.......c 2) C.......c 3) C.......c
 4) C.......c 5) C.......c 6) C.......c
 7) C.......c 8) C.......c 9) C.......c
10) C.......c 11) C.......c 12) C.......c

13. Trouver 12 mots de 7 lettres :

 1)   2)   3)
 4)   5)   6)
 7)   8)   9)
10)   11)   12)

14. Trouver 12 mots commençant par TRANS :

 1) Trans..... 2) Trans..... 3) Trans.....
 4) Trans..... 5) Trans..... 6) Trans.....
 7) Trans..... 8) Trans..... 9) Trans.....
10) Trans..... 11) Trans..... 12) Trans.....

15. Trouver 12 mots finissant par GRAMME :

 1) ...gramme 2) ...gramme 3) ...gramme
 4) ...gramme 5) ...gramme 6) ...gramme
 7) ...gramme 8) ...gramme 9) ...gramme
10) ...gramme 11) ...gramme 12) ...gramme

16. Trouver 12 mots commençant et finissant par la lettre F :

 1) F.......f 2) F.......f 3) F.......f
 4) F.......f 5) F.......f 6) F.......f
 7) F.......f 8) F.......f 9) F.......f
10) F.......f 11) F.......f 12) F.......f

17. Trouver 12 mots de 8 lettres :

 1)   2)   3)
 4)   5)   6)
 7)   8)   9)
10)   11)   12)

18. Trouver 12 mots commençant par COM :

1) Com...... 2) Com...... 3) Com......
4) Com...... 5) Com...... 6) Com......
7) Com...... 8) Com...... 9) Com......
10) Com...... 11) Com...... 12) Com......

19. Trouver 12 mots finissant par AILLE :

1) ......aille 2) ......aille 3) ......aille
4) ......aille 5) ......aille 6) ......aille
7) ......aille 8) ......aille 9) ......aille
10) ......aille 11) ......aille 12) ......aille

20. Trouver 12 mots commençant et finissant par la lettre L :

1) L.......l 2) L.......l 3) L.......l
4) L.......l 5) L.......l 6) L.......l
7) L.......l 8) L.......l 9) L.......l
10) L.......l 11) L.......l 12) L.......l

21. Trouver 12 mots de 9 lettres :

1)   2)   3)
4)   5)   6)
7)   8)   9)
10)   11)   12)

22. Trouver 12 mots commençant par PRE :

1) Pre....... 2) Pre....... 3) Pre.......
4) Pre....... 5) Pre....... 6) Pre.......
7) Pre....... 8) Pre....... 9) Pre.......
10) Pre....... 11) Pre....... 12) Pre.......

23. Trouver 12 mots finissant par EAU :

1) ......eau 2) ......eau 3) ......eau
4) ......eau 5) ......eau 6) ......eau
7) ......eau 8) ......eau 9) ......eau
10) ......eau 11) ......eau 12) ......eau

24. Trouver 12 mots commençant et finissant par la lettre N :

1) N.......n	2) N.......n	3) N.......n
4) N.......n	5) N.......n	6) N.......n
7) N.......n	8) N.......n	9) N.......n
10) N.......n	11) N.......n	12) N.......n

25. Trouvez 12 mots de 10 lettres :

1)	2)	3)
4)	5)	6)
7)	8)	9)
10)	11)	12)

26. Trouver 12 mots commençant par BI :

1) Bi......	2) Bi......	3) Bi......
4) Bi......	5) Bi......	6) Bi......
7) Bi......	8) Bi......	9) Bi......
10) Bi......	11) Bi......	12) Bi......

27. Trouver 12 mots finissant par ETTE :

1) ......ette	2) ......ette	3) ......ette
4) ......ette	5) ......ette	6) ......ette
7) ......ette	8) ......ette	9) ......ette
10) ......ette	11) ......ette	12) ......ette

28. Trouver 12 mots commençant et finissant par la lettre R :

1) R.......r	2) R.......r	3) R.......r
4) R.......r	5) R.......r	6) R.......r
7) R.......r	8) R.......r	9) R.......r
10) R.......r	11) R.......r	12) R.......r

29. Trouver 12 mots de 11 lettres :

1)	2)	3)
4)	5)	6)
7)	8)	9)
10)	11)	12)

30. Trouver 12 mots commençant par SUB :

1) Sub...... 2) Sub...... 3) Sub......
4) Sub...... 5) Sub...... 6) Sub......
7) Sub...... 8) Sub...... 9) Sub......
10) Sub...... 11) Sub...... 12) Sub......

31. Trouver 12 mots finissant par GRAPHE :

1) ....graphe 2) ....graphe 3) ....graphe
4) ....graphe 5) ....graphe 6) ....graphe
7) ....graphe 8) ....graphe 9) ....graphe
10) ....graphe 11) ....graphe 12) ....graphe

32. Trouver 12 mots commençant et finissant par la lettre T :

1) T......t 2) T......t 3) T......t
4) T......t 5) T......t 6) T......t
7) T......t 8) T......t 9) T......t
10) T......t 11) T......t 12) T......t

33. Trouver 12 mots de 12 lettres :

1) 2) 3)
4) 5) 6)
7) 8) 9)
10) 11) 12)

34. Trouver 12 mots commençant par OB :

1) Ob...... 2) Ob...... 3) Ob......
4) Ob...... 5) Ob...... 6) Ob......
7) Ob...... 8) Ob...... 9) Ob......
10) Ob...... 11) Ob...... 12) Ob......

35. Trouver 12 mots finissant par ANCE :

1) ......ance 2) ......ance 3) ......ance
4) ......ance 5) ......ance 6) ......ance
7) ......ance 8) ......ance 9) ......ance
10) ......ance 11) ......ance 12) ......ance

36. Trouver 12 mots commençant et finissant par la lettre D :

    1) D.......d   2) D.......d   3) D.......d
    4) D.......d   5) D.......d   6) D.......d
    7) D.......d   8) D.......d   9) D.......d
 10) D.......d 11) D.......d 12) D.......d

37. Trouver 12 mots de 2 lettres :

    1)   2)   3)
    4)   5)   6)
    7)   8)   9)
 10)   11)   12)

38. Trouver 12 mots commençant par DIS :

    1) Dis.......   2) Dis.......   3) Dis.......
    4) Dis.......   5) Dis.......   6) Dis.......
    7) Dis.......   8) Dis.......   9) Dis.......
 10) Dis....... 11) Dis....... 12) Dis.......

39. Trouver 12 mots finissant par ISTE :

    1) ......iste   2) ......iste   3) ......iste
    4) ......iste   5) ......iste   6) ......iste
    7) ......iste   8) ......iste   9) ......iste
 10) ......iste 11) ......iste 12) ......iste

40. Trouver 12 mots commençant et finissant par les lettres RE :

    1) Re......re   2) Re......re   3) Re......re
    4) Re......re   5) Re......re   6) Re......re
    7) Re......re   8) Re......re   9) Re......re
 10) Re......re 11) Re......re 12) Re......re

Votre score

Chaque mot vaut un point à condition d'être bon. Votre score est égal au nombre de mots trouvés. Mais voici d'abord quelques réponses.

1. Vous aviez le choix parmi plus de 1 800 mots dont : *amas, nana, papa, aura, bave, bras, café, avec, cage, chat, tard, ange, gare, talc, aile, aime, amie, pape, vœu, peur, vélo, roue, nuit,* etc.

2. Vous aviez le choix parmi plus de 400 mots dont pour les plus courants : *problème, proche, procurer, produire, profession, professeur, profiter, profond, programme, progrès, projet, promesse, proportion, proposer, propre, propriété, protéger, provenance, provision,* etc.

3. Vous aviez le choix entre plus de 150 mots dont pour les plus courants : *bascule, clavicule, crépuscule, majuscule, minuscule, monticule, tentacule, vésicule, crédule, pendule, cellule, virgule, mule, ovule,* etc.

4. Voici quelques mots commençants et finissant par la lettre E : *évolué, endiablé, équilibré, élancé, éminé, engoncé, énoncé, épicée, exercé, espèce, enjambée, embardée, épopée, équipée, évolue, épié, emmitouflée,* etc.

5. Vous aviez le choix entre près de 6 000 mots. En voici quelques-uns : *rotin, stylo, tonus, voyou, sport, jupon, nylon, jouet, prise, utile, poile, olive, livre, huile, vague, fumée, folie, félin, année, plage, phare,* etc.

6. Vous aviez le choix parmi plus de 400 mots dont : *exact, exagération, examen, excellence, excentricité, exception, excès, excitation, exclusivité, excuse, exécution, exemple, exercice, exigence, exil, exister, exode, exotique, expliquer, exprès, extase, extérieur, extrême,* etc.

7. Vous aviez le choix parmi 80 et quelques mots dont : *cartable, comptable, confortable, détestable, discutable, épouvantable, équitable, habitable, incontestable, inévitable, irritable, redoutable, regrettable, supportable, véritable,* etc.

8. Vous n'aviez pas vraiment le choix. Il y a très peu de noms

communs qui commencent et qui finissent par la lettre I, à peine plus d'une douzaine, les voici : *icelui, ici, impoli, impuni, inaccompli, inassouvi, indéfini, indri, infini, infléchi, inouï, introverti, inverti.*

9. Vous aviez le choix entre plus de 13 500 mots si l'on ne considère que les noms communs, leur conjugaison et leur pluriel. En voici quelques-uns : *vanité, otarie, aurore, parfum, vilain, harpon, impair, saphir, granit, humain, boulon, hiboux, biceps, statut, chemin, céleri, truite,* etc.

10. Vous aviez le choix entre plus de 350 mots si l'on excepte les noms propres, les verbes conjugués et les pluriels. En voici quelques-uns parmi les plus courants : *image, imbécile, imiter, immédiat, immense, immeuble, immobile, immortel, imparfait, imperméable, important, imprimerie, imprudence, impulsivité,* etc.

11. Vous aviez près de 140 mots à votre disposition dont : *placard, mouchard, étendard, soudard, cafard, blafard, chauffard, dard, fard, égard, bagnard, poignard, montagnard, foulard, lard, billard, brouillard, homard, canard, épinard, léopard, hasard, bavard, tard,* etc.

12. Très peu de mots commencent et finissent par la lettre C, à peine un peu plus d'une douzaine si l'on exclut les noms propres, les pluriels et les formes conjuguées. En voici les principaux : *choc, clinfoc, croc, caduc, cric, chic, couic, clerc, colbac, crac, cognac, cornac, couac.*

13. Il y a près de 25 000 noms communs de sept lettres si l'on comprend les formes conjuguées des verbes, les pluriels des mots et les noms composés dont : *rebelle, pruneau, voyante, souhait, plaisir, oraison, immoral, bouchon, oseille, oreille, fleurir, tumulte,* etc.

14. Cent cinquante mots environ commencent par TRANS à condition d'excepter les noms propres, les pluriels et les formes conjuguées des verbes. Parmi les plus courants : *transaction, transfert, transformation, transgresser, transistor, transition, transmettre, transparence, transpercer, transporter,* etc.

15. Une vingtaine de mots finissent par GRAMME : *anagramme, cablogramme, chronogramme, cryptogramme, diagramme, épigramme, monogramme, parallélogramme, programme, radiogramme, télégramme et gramme, bien sûr, et ses composés (milli, centi, déca, hecto, kilo).*

16. Seize mots seulement, si l'on excepte les noms propres, commencent et se terminent par la lettre F. En voici la liste : *factitif, facultatif, fautif, fédératif, fermentatif, festif, fictif, fief, figuratif, fixatif, formatif, franc-fief, fréquentatif, fricatif, fugitif, furtif.*

17. Il n'y a pas loin de 36 000 mots de 8 lettres si l'on inclut les formes conjuguées des verbes, les pluriels et les noms composés. En voici une douzaine parmi les plus courants : *omelette, employée, vêtement, jeunesse, envieuse, lunettes, prunelle, policier, cueillir, oculiste, victoire, chrétien.*

18. Près de 300 mots commencent par COM ; parmi les plus courants : *combat, combien, comédie, comète, comité, comme, commencer, commande, comment, commerce, commune, comparaison, complet, comprendre, compter,* etc.

19. Près d'une centaine de mots se terminent par AILLE dont : *caille, écaille, rocaille, médaille, défaille, piaille, ferraille, muraille, bataille, taille, trouvaille,* etc.

20. Il y a seulement une vingtaine de mots qui commencent et se terminent par la lettre L. En voici la plupart : *label, lequel, linceul, licol, local, légal, labial, lilial, lacrymal, longitudinal, latéral, libéral, littéral, littoral, lustral, loyal.*

21. Vous aviez le choix parmi un peu plus de 13 000 mots si l'on excepte les noms propres et les formes conjuguées des verbes. Par exemple : *princesse, principal, définitif, coiffeuse, affection, affronter, télescope, populaire, nervosité, librairie, maladroit, important, idéalisme, humaniste,* etc.

22. Près de 400 mots commencent par le préfixe PRE si l'on oublie les noms propres, les pluriels et les formes conjuguées des verbes. En voici une douzaine parmi les plus courants : *préau, préavis, précaution, précieux, précis, précoce, prédire, préférence, premier, prendre, préparer, présent.*

23. Plus de 200 mots se terminent par EAU. Citons pour mémoire : *beau, tombeau, tableau, berceau, cerceau, morceau, pinceau, puceau, cadeau, fardeau, radeau, rideau, rondeau, fléau, agneau, rouleau, chameau, anneau, moineau, pruneau, chapeau, peau, bureau, bateau, ciseau,* etc.

24. Une cinquantaine de mots commencent et se terminent par la lettre N dont parmi les plus courants : *non, néon, notion, natation, nain, naturalisation, notation, narration, napperon, nourrisson, négociation, négation,* etc.

25. Vous aviez le choix parmi un peu plus de 10 000 mots si l'on
excepte les formes conjuguées des verbes et les noms propres.
Par exemple : *neutralité, ordonnance, accueillir, adversaire,
jouissance, itinéraire, lampadaire, engraisser, efficacité, éco-
nomique, traduction, somnolence, préparatif, prodigieux,*
etc.

26. Un peu plus de 360 mots commencent par le préfixe BI, si
l'on excepte les noms propres, les formes plurielles ou conjuguées des verbes. En voici quelques-un parmi les plus courants : *biberon, bien, bière, bifteck, bijou, bille, biscotte,
biscuit, bistrot, bible, bibliothèque, biche, bicoque, bicyclette, bidon,* etc.

27. Plus de 400 mots se terminent par le suffixe ETTE. Parmi
eux : *tablette, cette, recette, fourchette, hachette, bicyclette,
cadette, dette, vedette, vignette, assiette, miette, serviette,
côtelette, jette, omelette, cigarette, chaussette,* etc.

28. Plusieurs dizaines de mots commencent et se terminent par
la lettre R dont beaucoup de verbes à terminaison en ER
comme : *rassembler, replacer, remplacer, recommencer, rapporter,* etc.
    Mais aussi : *rumeur, rôdeur, rondeur, raideur, rameur, ron-
fleur, roideur, rageur, rancœur, ravisseur, railleur, récepteur,
rigueur, rieur, retour,* etc.

29. Près de 8 000 mots comportent 11 lettres si l'on oublie les
noms propres et les formes conjuguées. Par exemple : *rata-
touille, réconforter, possibilité, nationalité, musculature,
mystérieuse, intolérance, inspiration, horizontale, gourman-
dise, envahissant, association, supermarché,* etc.

30. Vous aviez le choix parmi un peu plus d'une centaine de mots
dont les plus courants : *subalterne, subir, subjectif, sublime,
submersible, subsister, substance, substituer, subterfuge,
subtil, subtilité, subvention, subversif.*

31. Vous aviez le choix parmi une quarantaine de mots si l'on
excepte les pluriels dont pour les plus courants : *biographe,
cinématographe, dactylographe, épigraphe, géographe,
orthographe, paragraphe, phonographe, photographe,
sténographe, stylographe, télégraphe,* etc.

32. Une cinquantaine de mots commencent et se terminent par
la lettre T dont parmi les plus employés : *tôt, trait, tempéra-
ment, testament, trajet, ticket, tabouret, trot, tout, tricot,
transport, toit, tant, tranchant, troublant,* etc.

33. Il y a environ 5 000 mots de 12 lettres si l'on ne tient pas compte des noms propres et des formes conjuguées des verbes. Par exemple : *traditionnel, tranquillité, sensationnel, satisfaction, ressemblance, reconstruire, quincaillier, poissonnerie, organisation, négociatrice, illustration, accidentelle, arrière-garde, magnétoscope,* etc.

34. Un peu plus d'une centaine de mots commencent par le préfixe OB dont pour les plus employés : *obéir, obésité, objectif, objet, obligation, oblique, obscur, observer, obsession, obstacle, obstiné, obtenir,* etc.

35. Plus de 200 mots se terminent par le suffixe ANCE. En voici quelques-uns parmi les plus courants : *vacance, chance, tendance, séance, enfance, souffrance, extravagance, vengeance, méfiance, ambiance, confiance, balance, finance, assurance, attirance, croissance, avance, croyance, naissance,* etc.

36. Peu de mots, une vingtaine seulement, commencent et se terminent par la lettre D. Voici pour la plupart : *doublard, dard, débrouillard, descend, défend, déprend, dépend, différend, détend, distend, désapprend, désaccord, démord, distord, détord, discord, découd,* etc.

37. Vous aviez le choix parmi 70 mots dont : *ça, fa, ah, ha, ai, la, ma, an, va, ce, de, du, do, je, le, me, te, se, en, ne, re, et, if, il, mi, ni, si, on, un, nu, tu,* etc.

38. Un peu plus de 200 mots commencent par DIS. Vous aviez le choix parmi les plus employés entre : *discerner, discipline, discorde, discothèque, discours, discret, discussion, disparaître, disperser, disponible, disposer, dispute, dissimuler, distance, distingué, distrait, distribuer,* etc.

39. Plus de 400 mots se terminent par le suffixe ISTE. Parmi les plus courants : *garagiste, droguiste, cycliste, idéaliste, fataliste, journaliste, réaliste, socialiste, syndicaliste, chimiste, féministe, économiste, optimiste, pessimiste, égoïste, touriste, artiste, dentiste, linguiste, existe,* etc.

40. Près d'une cinquantaine de mots commencent et se terminent par RE. Dans les plus courants : *repaire, refaire, rectangulaire, reliure, réverbère, régulière, repère, récupère, répare, réglementaire,* etc.

Comment interpréter vos résultats ?

Il y avait en tout 480 mots à trouver. Ce qui correspond approximativement à la moyenne de mots utilisés dans le langage courant.

Votre score devrait normalement se situer entre 120 et 270 mots. En deçà ou au-delà, vos résultats ne sont pas très valides. Vous n'avez peut-être pas respecté le temps imparti (30 min.). Vous êtes trop ou pas assez brillant : de toute façon, ce test n'est pas fait pour vous.

● **Entre 120 et 179 mots « trouvés »...**
Vous vous situez dans une moyenne. Vous avez suffisamment de mots à votre disposition pour les besoins de la vie courante, pour exprimer tout ce que vous avez à dire, même si, dans certaines circonstances, vous manquez parfois de vocabulaire.

● **Entre 180 et 216 mots...**
Vous avez un bon niveau de vocabulaire, des facilités pour trouver rapidement vos mots, pour vous exprimer. Vous ne manquez jamais de mots pour le dire ; vous avez une certaine agilité mentale qui vous permet de vous adapter à tous vos interlocuteurs.

● **Entre 216 et 270 mots...**
Vous avez un excellent niveau de vocabulaire. Imbattable au scrabble ou au jeu des « chiffres et des lettres ». Vous maniez les mots avec une aisance déconcertante. Cela ne fait pas forcément de vous un « littéraire » mais c'est bien pratique dans la vie quotidienne, ne serait-ce que pour résoudre les problèmes de mots-croisés.

LE FACTEUR SPATIAL

Le facteur spatial (S. de Thurstone) se réfère à l'intelligence dans la mesure où celle-ci est d'abord en soi perception de forme. La mécanique de l'intelligence suppose à la base la possibilité d'une représentation précise des choses.

C'est au sens strict une aptitude à percevoir et analyser des configurations spatiales. Mais on peut sans doute lui rapporter d'autres facteurs, et d'autres facultés, tels que la perception de configurations à trois dimensions, l'orientation et la mémoire spatiale, la visualisation.

L'orientation spatiale est l'aptitude à reconnaître une structure indépendamment de l'orientation dans laquelle elle est présentée.

La mémoire spatiale, différente de la mémoire visuelle, consiste uniquement dans les capacités de mémorisation des structures spatiales (cartes de géographie par exemple).

La visualisation concerne plus particulièrement la capacité à se représenter mentalement un mouvement dans un espace à trois dimensions.

Testez vos facultés de représentation

Le test suivant, calqué sur les modèles du genre, est composé de vingt planches. Chacune présente une configuration spatiale et un problème différent.

Le temps n'est pas strictement limité mais l'ensemble de ce test ne devrait pas vous prendre plus de 30 min. Au-delà, il perd de son efficacité.

Planche I

Observez ces barres pendant une quinzaine de secondes. Puis classez ensemble celles qui ont la même longueur.

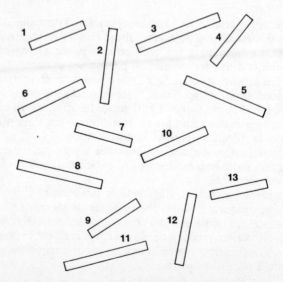

Planche II

Observez ces cravates. Combien y a-t-il de motifs diffé-rents ?

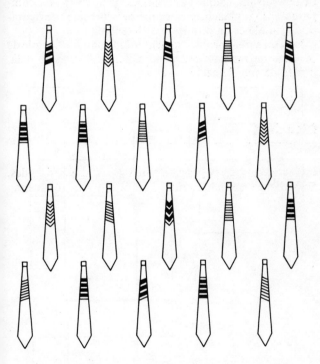

Planche III

Observez ce volume. Il a été obtenu par pliage de l'une des trois figures suivantes (a, b, c). Laquelle ?

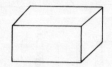

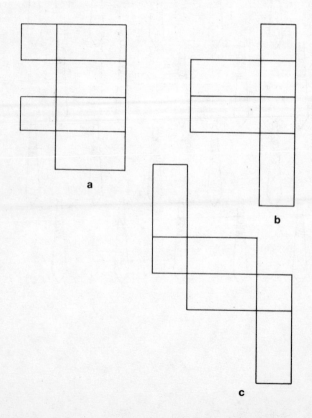

a

b

c

Planche IV

Observez cette figure. Combien de fois les formes suivantes (a, b et c) sont-elles représentées ?

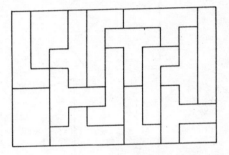

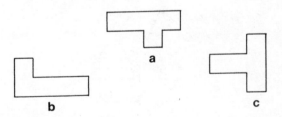

Planche V

Observez ce plan. Avec quel autre plan (a, b, c, d ou e) forme-t-il un rectangle ?

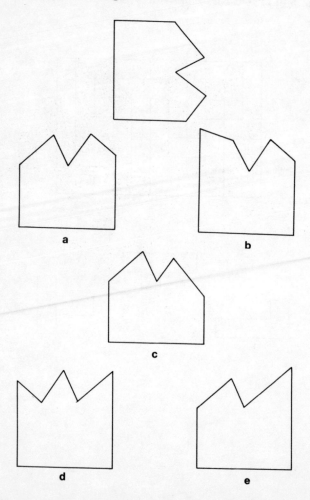

Planche VI

Observez attentivement cet ensemble. Combien de chaises y a-t-il ?

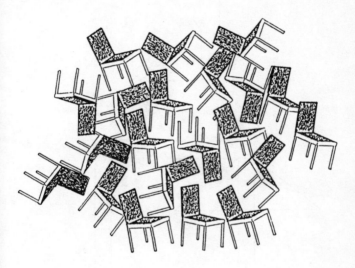

Planche VII

Observez ce volume. Il a été obtenu par pliage de l'une des trois figures suivantes (a, b, c). Laquelle ?

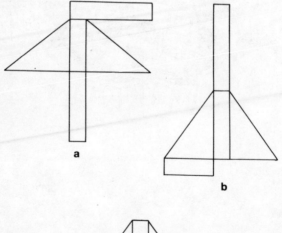

a

b

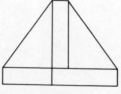

c

Planche VIII

Observez attentivement pendant une trentaine de secondes la grille suivante. Notez mentalement la position des pièces sur l'échiquier, les chiffres et les lettres. Puis masquez la grille et retrouvez de mémoire la position du cheval noir.

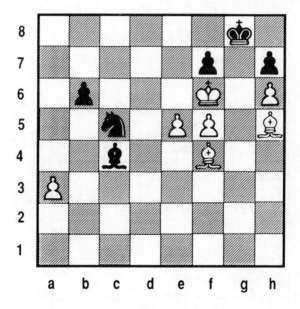

Planche IX

Observez cette mosaïque. Dans quelle figure (a, b, c ou d) la retrouve-t-on après l'avoir fait pivoter de 90° sur la gauche ?

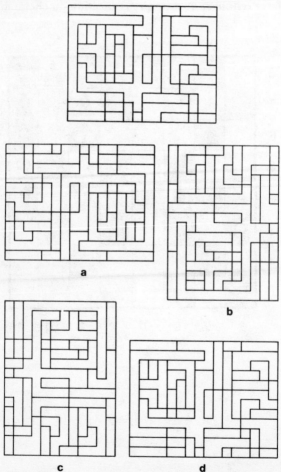

a

b

c

d

Planche X

Observez attentivement cette figure. Combien de chats la composent ?

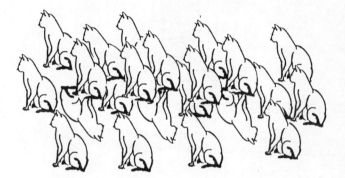

Planche XI

Observez les deux formes suivantes. C'est la même pyramide représentée une fois en volume, puis mise à plat. Reportez les motifs du volume sur la surface plane.

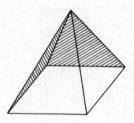

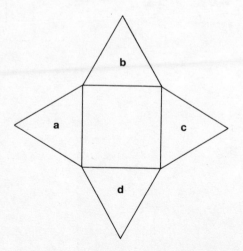

Planche XII

Observez ce volume. Il a été obtenu par pliage de l'une des trois figures suivantes (a, b, c). Laquelle ?

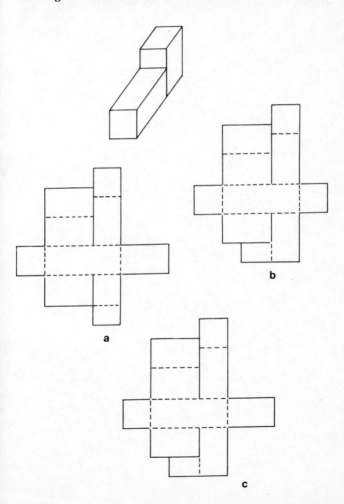

a

b

c

Planche XIII

Observez ces pyramides pendant une quinzaine de secondes. Puis regroupez celles qui ont la même taille.

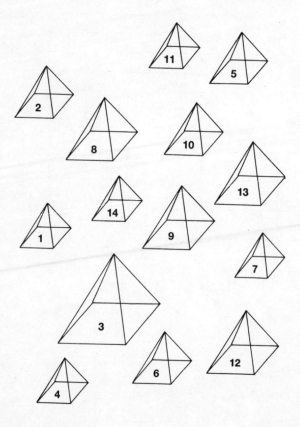

Planche XIV

Observez cette figure. Combien de fois retrouve-t-on les dessins (a, b, c, d et e) ?

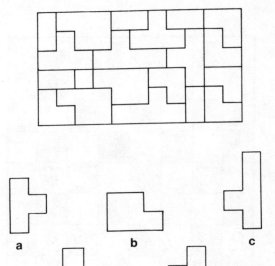

a

b

c

d

e

Planche XV

Observez pendant une trentaine de secondes la grille ci-dessous, la position des pièces sur l'échiquier, les lettres et les chiffres. Puis cachez la grille et donnez de mémoire les coordonnées (un chiffre, une lettre) du roi blanc.

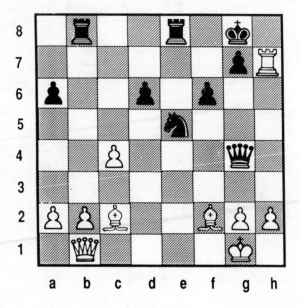

Planche XVI

Observez les deux formes suivantes. C'est la même représentée une fois en volume, puis mise à plat. Reportez les motifs noirs du volume sur la surface plane.

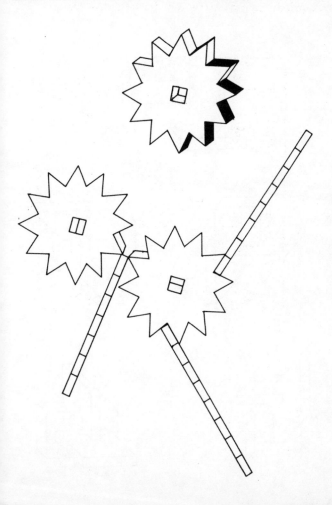

Planche XVII

Observez ce solide. Dans quelle position (a, b, c ou d) le retrouve-t-on si on le fait pivoter de 90° sur la droite ?

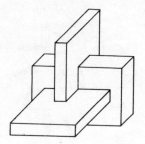

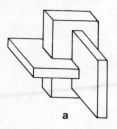

a

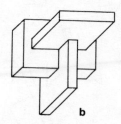

b

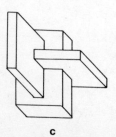

c

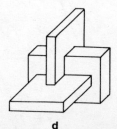

d

Planche XVIII

Observez ce volume. Avec quel autre volume (a, b ou c) s'emboîte-t-il ?

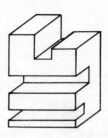

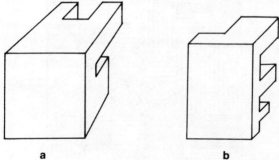

a

b

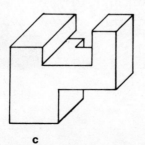

c

Planche XIX

Observez ce patchwork. Combien y a-t-il de motifs différents ?

Planche XX

Observez ce volume. Il a été obtenu par pliage de l'une des trois figures suivantes (a, b, c). Laquelle ?

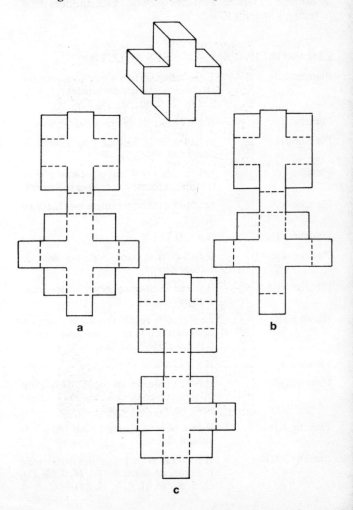

a

b

c

Votre score

Chaque bonne réponse vaut 1 point. Votre score est égal au nombre de réponses exactes que vous avez données dans le temps imparti (30 min.).

LES PROBLEMES	LES SOLUTIONS
Planche I	Trois tailles différentes. Vous devriez effectuer le classement suivant : (1, 4, 7, 9, 13), (2, 6, 10, 12), (3, 5, 8, 11).
Planche II	Il y a 11 motifs de cravate différents.
Planche III	Il faut plier la figure c pour obtenir le parallélépipède.
Planche IV	Les formes a et b sont représentées quatre fois ; la forme c, trois fois seulement.
Planche V	Le plan forme un rectangle avec la forme d.
Planche VI	Il y a 21 chaises.
Planche VII	Il faut plier la figure b pour obtenir le volume donné.
Planche VIII	Il fallait donner de mémoire les coordonnées C5.
Planche IX	La figure b représente, toutes proportions gardées, la mosaïque après qu'elle a pivoté de 90° sur la gauche.
Planche X	Il y a 22 chats.
Planche XI	Il fallait reporter les motifs de la pyramide sur un couple de triangles contigus soit : ab, bc, cd ou da.
Planche XII	Il faut plier la figure c pour obtenir le volume donné.
Planche XIII	Il y a 4 tailles de pyramides différentes, par ordre décroissant : (3), (8, 9, 12, 13), (2, 5, 6, 10), (1, 4, 7, 11, 14).

Planche XIV   Les formes a et b sont représentées chacune 3 fois ; la forme c, 2 fois ; la forme d, 5 fois et la forme e, 6 fois.

Planche XV   Il fallait retrouver de mémoire les coordonnée g1.

Planche XVI   Il fallait noircir la figure comme suit :

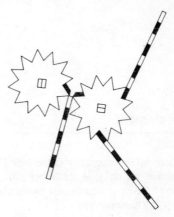

Planche XVII   Le solide se retrouve en position c après avoir pivoté de 90° sur la droite.

Planche XVIII   Le premier volume s'emboîte avec le volume b.

Planche XIX   Le patchwork comporte 7 motifs différents (1 noir, 4 rayures, 2 croisillons).

Planche XX   Il faut plier la figure a pour obtenir la croix.

Comment interpréter vos résultats ?

Vous pouvez les interpréter de deux façons : globalement d'abord, puis par catégorie de problèmes.

Globalement

Le score normal se situe entre 3 et 17 problèmes résolus ; en deçà et au-delà, le test n'est plus valide ou alors vous êtes extraordinairement nul ou extraordinairement doué. C'est extrêmement rare.

● Entre 3 et 9 réponses exactes...
Vous êtes dans la moyenne, la mauvaise au-dessous de 6, la bonne au-dessus. Vous vous représentez assez bien les choses mais la complexité apparente de certains problèmes vous empêche parfois de raisonner efficacement.

● Entre 10 et 13 réponses exactes...
Vous avez dans l'ensemble d'excellentes facultés de représentation mais vous éprouvez devant certains problèmes de la difficulté à changer de système de représentation. Vos modèles de pensée sont parfois un peu rigides.

● Entre 14 et 17 réponses exactes...
Vous avez d'étonnantes facultés de représentation ou beaucoup de chance si vous avez trop souvent répondu au hasard. Dans la première hypothèse, vous avez souvent intérêt à spatialiser vos problèmes pour mieux les résoudre.

Catégorie par catégorie

Vous pouvez vous faire une bonne idée de vos points forts et de vos points faibles.

• Vous avez une bonne perception des configurations spatiales si vous avez réalisé vos meilleurs résultats dans la série des planches I, II, V, XIII, XVI, XVIII et XIX.

• Vous avez en revanche un excellent sens de l'orientation si vous avez réalisé votre meilleur score dans la série des planches IV, VI, IX, X, XIV et XVII.

• Vous avez enfin de très bonnes capacités de visualisation si vous avez fait votre meilleur score dans la série des planches III, VII, XI, XII et XX.

• Les planches VIII et XV (échiquier) concernent la mémoire spatiale. Exactes ou fausses, les réponses que vous avez pu donner n'ont qu'une valeur indicative.

BIBLIOGRAPHIE SOMMAIRE

EYSENCK (H.-J.), *Les dimensions de la personnalité*, P.U.F., 1950.

MEILI (R.), *Manuel du diagnostic psychologique*, P.U.F., 1964.

OLÉRON (P.), *L'intelligence*, P.U.F. (Que sais-je ?), 1974.

OLÉRON (P.), *L'intelligence de l'homme*, A. Colin, 1987.

PIAJET (J.), *La psychologie de l'intelligence*, A. Colin, 1942.

PICHOT (P.), *Les tests mentaux*, P.U.F. (Que sais-je ?), 1954.

SPEARMAN (C.), *Les aptitudes de l'homme*, Conservatoire national des Arts et Métiers, 1936.

VERNON (P.-E.), *La structure des aptitudes humaines*, P.U.F., 1952.

ZAZZO (R.), *Le devenir de l'intelligence*, P.U.F., 1946.

TABLE DES MATIERES

3512

IMPRIMÉ EN FRANCE PAR BRODARD ET TAUPIN
12824 - La Flèche (Sarthe), le 25-04-2002.

pour le compte des
Nouvelles Éditions Marabout
D.L. 22736-04-02
édition 04
ISBN : 2-501-02660-8